2020年河南省哲学社会科学规划项目（项目编号：2020　）

资源可持续保障程度及对策研究
——以铝为例

Research on the Sustainable Guarantee Degree and
Countermeasures of Resources
—Taking Aluminum as an Example

刘少丽／著

经济管理出版社
ECONOMY & MANAGEMENT PUBLISHING HOUSE

图书在版编目（CIP）数据

资源可持续保障程度及对策研究：以铝为例/刘少丽著 . —北京：经济管理出版社，2022. 5

ISBN 978-7-5096-8427-6

Ⅰ. ①资… Ⅱ. ①刘… Ⅲ. ①铝土矿—矿产资源管理—研究—中国 Ⅳ. ①F426. 1

中国版本图书馆 CIP 数据核字（2022）第 082603 号

组稿编辑：王　洋
责任编辑：王　洋
责任印制：黄章平
责任校对：蔡晓臻

出版发行：经济管理出版社
　　　　　（北京市海淀区北蜂窝 8 号中雅大厦 A 座 11 层　100038）
网　　　址：www. E-mp. com. cn
电　　　话：（010）51915602
印　　　刷：唐山玺诚印务有限公司
经　　　销：新华书店
开　　　本：720mm×1000mm/16
印　　　张：15
字　　　数：219 千字
版　　　次：2022 年 6 月第 1 版　2022 年 6 月第 1 次印刷
书　　　号：ISBN 978-7-5096-8427-6
定　　　价：98. 00 元

前　言

在自然资源日益短缺，环境破坏和生态退化愈演愈烈的今天，生态文明、可持续发展和资源循环理念受到国际社会的高度关注，各国政府、国际组织及相关的非政府组织都积极采取措施，力争在最大程度上解决这个复杂的关乎人类命运的问题，做到经济、社会、资源、环境的可持续和谐发展。受国内铝土矿资源禀赋限制，国内铝资源的供应能力疲软，而进口的不确定性又非常大，面对铝需求的巨量和刚性增长趋势，铝资源的供给不安全和不可持续问题是中国目前亟须解决的资源问题之一。本书的目的就是定量分析中国铝资源的短缺问题，以期促进资源的循环利用，实现资源的优化配置，保障铝资源的可持续供应。

本书首先分析了中国铝土矿的资源禀赋，运用物质流方法对中国铝元素进行生产阶段的代谢模拟，描述了1996~2016年铝元素在生产阶段各环节的现状，并以此分析了铝资源的供给和消费情况，预测未来15年中国原铝的消费需求量。在大量的数据分析的基础上，构建了中国铝资源供给结构模型和保障程度的计算方程式，获得了1996~2016年中国铝资源的供给结构和安全保障度。建立了中国铝资源可持续保障状况评价指标矩阵，并以1996年、2000年、2005年、2010年和2015年为例，分别评价了中国铝资源的可持续保障状况；在此基础上运用耦合协调度模型进一步评价铝工业系统与整个经济社会系统的协调发展状况。与此同时，分析了全球和典型发达国家可再生资源及铝的循环利用概况，以及中国再生铝产业的发展现状，并测算出中国铝资源的循环利用潜力巨大，对提高保障程度、实现其可持续供应的贡献度很大。由此得到铝金属的循环利用可以在很大程度上优化中国铝资源的供给结构，解决其可持续保障问题。

本书取得了以下主要研究成果：

（1）由铝元素在生产阶段的代谢模拟可得，1996~2016年，中国铝生产工业发展迅速，各种主要铝流不断增加，越来越多的废料被回收和再次利用。在供给方面，原生铝产量、铝产品总量和铝盘条的年均增长率分别是15.9%、21.9%和25.8%。中国的二次铝产业在稳定和快速的发展过程中，二次铝产量的年均增长率为25%，可谓是高速增长。铝土矿、氧化铝和未加工铝的进口量和出口量整体上呈现出增长态势，但是中间过程比较曲折。中国是高端铝产品的出口国和中低端铝产品的进口国，所以必须要寻求贸易结构的转型。在消费方面，1996~2016年中国铝消费量呈现指数增长，2008年以来一直是全球铝消费最多的国家。消费结构中变化最大的是耐用消费品，其他铝产品的消费量变化不大，主要还是用于建筑和交通方面。综合挤压式"S"形模型法和部门消费法可以得出，中国将在2023年前后达到原铝消费需求的峰值，届时原铝消费量约3700万吨。2020年、2025年和2030年的原铝需求分别是3500万吨、3600万吨和3300万吨。

（2）1996年，满足中国铝消费的供给结构是：原生铝81.5%，二次铝8.3%，贸易10.2%；而到了2016年，它们分别是84.7%、15.5%和-0.2%。总体来说，中国铝资源的供给结构基本上包括了80%的原生铝和20%的二次铝，但是二次铝产量增长迅速，比例增加的潜力比较大。由于铝土矿和铝废料的进口比例都在50%左右，导致自主生产的原生铝和二次铝的比例下降到51.8%和10.3%，所以国内铝资源的总供给保障程度从1996年的87.7%下降到2016年的62.1%，2006年之后基本在50%左右徘徊，2007年和2013年还不到50%，处于短缺的状态之中，资源约束问题实际存在。

（3）通过逼近理想解排序法的评价，1996年和2015年中国铝资源的可持续保障情况较其他年份相对好一些，但是与理想方案的相对接近度都在0.5左右，因此中国铝工业距离可持续发展的目标还是任重道远。另外，二次铝对铝资源可持续保障目标的贡献相对比较大。经耦合协调度模型的测算评价，1996~2016年，全国铝工业与经济社会两大系统的综合发展水平均呈现出整体上升的态势，但是两大系统之间仍然处在发展失调的状态，存在一些发展非常不协调的地方，严重阻碍我国铝工业的可持续发展进程。由此在以后的发展过程中，关键是要尽快建立资源回收体系，争取使已经使用过的或者正在使用的铝产品经过回收成为新的储量来源，从而达到优化铝资源的供给结构，保障其可持续供应的目的。

（4）中国铝资源循环利用所具备的各方面条件良好，最重要的是国内铝金属每年的消费量和社会蓄积量都非常大，循环利用的潜力巨大。计算结果表明，我国 2020 年、2025 年和 2030 年再生铝供应量分别为 1000 万吨、1200 万吨和1100 万吨，占当年原铝需求量的比例分别为 29%、33% 和 33%，占据当年总需求量的比例分别为 22%、25% 和 25%；达到 2023 年铝消费峰值点时再生铝供应量约 1300 万吨，约占当年原铝需求量的比例为 35%，占当年总需求量的比例近26%。再生铝的供应对安全保障度的贡献是使其提高了 10% 以上，在技术进步的基础上甚至能达到 20%。废弃铝资源的循环利用减少了进口铝土矿、铝废料的经济成本，并且在环保方面也有突出的表现。

本书在借鉴发达国家可再生资源及铝金属的循环利用实践经验的基础上，为提高铝资源的安全保障度，实现其可持续供应，提出了一些对策建议。政府的引导发挥着至关重要的作用：一是要加强指导，并完善相关法律法规政策体系；二是要协调再生资源企业与对口的研究机构之间的合作，促进回收手段的有效性和再生技术的研发；三是要完善各类资源的回收体系，广泛建立专业的回收网点；四是要加强各类媒体的宣传，提高公众的环保参与意识；五是要等到资源的循环利用事业步入正轨，形成常规化后，政府就要减少干预，市场机制就要充分发挥其作用。与此同时，要积极实施"走出去"战略，促成境外资源的有效开发利用。

目　录

第一章　引　言

一、选题依据及目的意义

（一）选题依据

1. 矿产资源在国民生活中起着非常重要的作用，铝的良好特性促使它被广泛应用

矿产资源是一种重要的自然资源，推动着人类社会不断向前发展，它是指经过地质成矿作用，使埋藏于地下或出露于地表并具有开发利用价值的矿物或有用元素的含量达到具有工业利用价值的物质（华一新，2014）。矿产资源是人类生活资料和生产资料的主要和基本来源，是社会文明发展的物质基础。在人类利用的自然资源中，矿产资源占70%。以中国为例，矿产资源直接提供了工业原材料的80%以上、能源的90%左右、农业生产资料的70%以上和生活用水的30%以上（张佳文，2011）。但是，矿产资源是在漫长的地质年代形成的富集物，通过人类的努力，它可以被开采和利用，但是不能被人为创造，是极其有限和宝贵

的。相对于人类无限的和持续增加的需求来说，矿产资源在一定的时间和空间内总是有限的，甚至是短缺的。

毫无疑问，铝是一种非常有限的重要的有色金属，由于其具备的良好特性和人类生产生活的需求而被大量开发利用。铝是地壳中仅次于氧和硅的第三位元素，也是含量最丰富的金属元素，是铁蕴藏量的 1 倍多，占地壳元素总量的7.73%左右（Sverdlin，2003；见图 1-1）。虽然铝元素在地壳中的含量较为丰富，但却是一种相对较新的工业金属，1888 年开始用于工业生产，至今才 100 多年的历史（Altenpohl and Kaufman，1998）。然而从数量上来看，现如今生产的铝多于其他有色金属的总和（Halvor，2014），铝的应用量也仅次于钢铁。由于铝的良好属性，导致近几十年含铝产品的消费和需求大幅度增长（Luca et al.，2013）。铝的特性包括以下四个方面：①重量轻，它是相同体积的钢铁和铜的重量的三分之一（U. S. Geological Survey，2016）；②低密度，可塑性和延展性好，容易加工和铸造；③具备良好的抗腐蚀性和持久性；④高导热性、导电性和反射率，无低温脆性和磁性（陈伟强等，2009a）。含铝产品的最终用途一般划分为 7 大类：建筑、

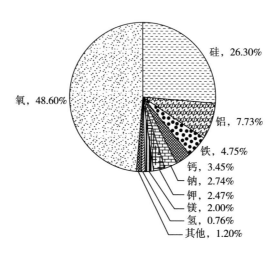

图 1-1 地壳中元素分布及其含量（质量分数）

交通工具、耐用消费品、机械设备、电力电子设备、包装和其他，铝金属的用途十分广泛，小到易拉罐、包装盒，大到汽车、轮船、航空航天设备。出于节能减排、携带便利等目的，社会对各种设备的轻量化要求越来越高，铝金属作为重要的轻质结构材料，还将发挥举足轻重的作用。

2. 中国铝资源的供给和消费所面临的严峻挑战

当前，我国上游矿产资源存在着严重不足的问题，使有色金属工业在发展过程中面临着严峻挑战。几十年来，由于资源的高强度消耗和地质勘查实际投入的大幅下降，可供开发利用的资源十分有限，多数矿山因资源危机而陷入困境，在低产低效中徘徊，破产关闭加速，造成有色金属矿产品供给日趋紧张，相当部分矿工的生活状态恶化，矿业城镇的社会稳定问题也十分突出，因此解决有色金属资源危机已刻不容缓（周启星，2013）。我国的铝工业同样也面临着此危机，中国铝资源仍然存在着巨量的、刚性的消费需求，而长期受国内铝土矿资源禀赋限制，国内铝资源的供应能力日益疲软，导致铝土矿对外依存度不断上升，且呈现出明显的上升趋势，资源供应面临较大压力（程春艳，2013）。

现代社会见证了铝使用量的显著增加，尤其是在中国（Liu et al.，2012）。中国是一个人口稠密、快速发展的发展中国家，具有影响全球物质使用的潜力（Wang et al.，2008）。1991~2007年，中国铝生产量和消费量的平均增长率是全球同期的4倍（Yue et al.，2014；见表1-1）。特别是在2000年之后，氧化铝和原铝的产量更是急剧增加，占据全球产量的份额从2000年的9%和13.2%一直上升到2008年的37.7%和51.1%（Chen，2010，2012b）。目前中国早已成为世界最大的铝生产国和消费国（岳强等，2015）。与此同时，全球铝土矿储量丰富，其静态可供年限超过150年，而中国的铝土矿储量只有全球的3%左右（见图1-2），人均储量也很少，只有全球平均水平的十分之一（顾松青，2006）。以2005年的开采量来核算，中国铝土矿的静态可供年限也只有20年左右（陈伟强等，2008），而现在已经过去了10年。另外，中国铝土矿多为难以利用的一水硬铝石，它的特点是：高铝、高硅、低铝硅比，这给开采和冶炼增加了难度，使产能增长乏力（Liu et al.，2011，2012；陈伟强等，2009b）。因此，中国非常依赖铝土矿的进口，其中在2011年，中国铝土矿的进口来源地主要集中在14个国家和地区，进口量的80%来自印度尼西亚、19%来自澳大利亚，还有一些主要来自印度和马来西亚（程春艳，2013）。在之前的研究过程中，笔者发现中国进口大量的铝土矿，对外依存度不断水涨船高，从1996年的1.9%增加到2016年的40%，其中2007年达到52.4%，2013年更是达到了54.3%（Liu，2017）。如果任由这种状况继续下去，而不采取强有力的有效措施，那么中国铝资源的供给将是不确定、不安全和不可持续的，如2014年印度尼西亚就出台了铝土矿出口禁令（中国铝业网，2013）。虽然从2017年开始，印度尼西亚就恢复了铝土矿出口（中华人民共和国商务部，2017），但是这个事件还是对我国的经济发展产生了影响。

表1-1　1991~2007年中国和全球铝生产量和消费量　　单位：千吨,%

年份	生产量		消费量	
	中国	全球	中国	全球
1991	962.5	19652.6	985.0	18743.4
1992	1096.0	19459.2	1328.0	18557.6
1993	1254.5	19714.6	1350.0	18133.6
1994	1498.4	19111.8	1537.0	19715.3
1995	1869.7	19663.6	1685.0	20551.7
1996	1900.7	20846.3	1750.0	20683.8
1997	2178.6	21798.1	2115.0	21869.8
1998	2435.3	22653.9	2425.4	21889.3
1999	2808.9	23707.1	2925.9	23355.5
2000	2989.2	24418.1	3532.7	25059.1
2001	3575.8	24436.0	3545.4	23721.5
2002	4511.1	26076.0	4152.0	25372.3
2003	5962.0	28000.6	5177.6	27606.5
2004	6688.8	29921.7	6190.9	29960.6
2005	7806.0	32020.8	7118.6	31709.3
2006	9264.0	33965.1	8380.0	33994.6

年份	生产量		消费量	
	中国	全球	中国	全球
2007	12840.0	38087.3	11979.0	37246.4
平均增长率	17.25	4.22	16.90	4.39

资料来源：Yue 等（2014）。

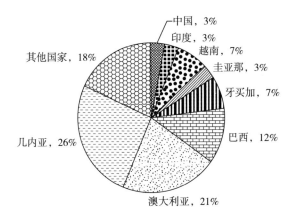

图1-2 2012年全球铝土矿储量及占比

另外，中国的有色金属行业近些年来亏损严重，利润下降幅度大，产能过剩也很严重，供需关系的结构性失衡（供需错位）成为不可忽视的问题，也成为阻碍经济增长的路障。铝金属的供需错位表现在高端产品供给不足、中低端产品生产过剩，这就造成了供给侧的低效率，无法满足合意的需求。因此，政府提出供给侧结构性改革，需要从供给端入手，大力抑制产能，并且深度调整我国铝资源的供给结构，以便拉动内需、成为经济发展的新增长点。所以非常有必要研究中国铝资源的供给结构和保障程度，摸清中国铝的生产、消费和贸易的脉络和概况，从中找出有效方法保障铝资源的可持续供给，从而为中国经济的长期健康稳定发展做贡献。

3. 在生态文明建设与新发展理念的大旗帜下，矿产资源的开发利用也要遵循可持续的发展战略和基本国策

可持续发展是指既满足当代人的需要，又不对子孙后代满足其需要的能力构成危害的发展。它的内涵是非常丰富的，主要表现为以下五个方面（李龙熙，2005）：①共同发展。如果说地球是一个复杂的巨系统，那么现存的所有国家和地区都是其中不可分割的子系统，即组成部分，这些组成部分是相互联系并不断发生作用的。只要其中的一个子系统或者环节出问题，其他子系统就会受到影响（包括直接或者间接的影响），进而可能产生紊乱，甚至是诱发整个系统的集体突变。②公平发展。这个发展指标主要包含两个方面：一方面是时间上的公平，指的是当代人在追求各方面发展的过程中，不能以损害后代人的发展能力为代价，此代价实在是太高；另一方面是空间上的公平，即某个国家或地区的发展不能损害其他国家或地区的发展能力，更不能因发展而与其他国家产生冲突。③协调发展。不仅包括经济、社会、环境和资源等几方面的整体协调，也包括全球、地区和国家三个空间层面的相互协调，更多的是包括一个国家或地区内部各个阶层（经济、人口、资源、环境、社会等）的协调，只有协调发展才能持续发展。④多维发展。不同的国家和地区所代表的经济发展水平是不同的，并且存在着截然不同的地理环境、文化、国际环境等客观的发展背景和发展阻碍因素，甚至还有性质不同的体制结构。因此，可持续发展是一个全球性和综合性的概念，不是某个国家或地区实现就可以了，所以要考虑到不同地域实体丰富多样性的发展现状。可持续发展本身就包含了多模式、多样性、多维度选择的内涵，具有广泛的包容性，各个国家或者地区在制定和实施可持续发展战略时，在这个全球性目标的约束和管制下，务必要从本国国情或本区区情出发，制定出符合本国或本区实际的发展战略，从而走出一条多模式、多样性的可持续发展道路。⑤高效发展。既指经济发展的高效率，也包含对自然资源和环境要合理利用的内涵。因此，可持续发展思想也是指经济、社会、资源、环境、人口等各方面相互协调下的高效发展。

党的第十九次全国代表大会上，习近平总书记指出：坚持人与自然和谐共

生。建设生态文明是我国进行可持续永续发展的千年大计必不可少的。坚定地践行"绿水青山就是金山银山"的理念，强有力地执行节约资源和保护环境的基本国策，对待生态环境像对待生命一样敬畏，统筹山水林田湖草系统治理，制定并实行最严格的生态环境保护制度，鼓励单位和个人形成绿色发展方式和生活方式，坚定走生态良好、生产发展、生活富裕的文明发展道路，建设美丽中国，为亿万劳动人民创造良好的生产生活环境保障，为全球生态安全做出应有的贡献，为子孙后代留下生存空间（中国共产党新闻网，2017）。

氧化铝和原生铝的生产是高耗能、高污染的行业，以往粗放型的生产模式给我国环保带来了巨大的压力，同时我国的节能减排事业也受到了国内外的各种压力，中国政府在联合国气候大会上做出了郑重承诺，并在 2014 年发布了《中美气候变化联合声明》。而有研究表明，二次铝的生产却是原生铝生产所需能源和所排放污染的 5%~10%（Melo，1999）。从国内大力倡导供给侧改革的大背景来看，再生铝产业的发展能够满足国家层次上的战略要求，从供给侧改革铝的供给结构，不断向环保的目标迈进。而本书的目的是引导铝资源向循环利用的方向发展，不仅能保障中国铝资源的可持续供应，而且能为节能减排事业添砖加瓦。

以创新、协调、绿色、开放、共享为核心的新发展理念，是更长时期内我国的发展思路、发展方向和发展着力点，因此要贯彻新发展理念，建设现代化经济体系，"坚持解放和发展社会生产力，坚持社会主义市场经济改革方向，推动经济持续健康发展"。协调发展注重的是解决发展不平衡问题。我国发展不协调是一个长期存在的问题，突出表现在区域、城乡、经济和社会、物质文明和精神文明、经济建设和国防建设等关系上。铝产业涉及土地勘察业、采矿业、科技研发、能源、制造业、流通业、国内外贸易、物流业等经济社会各个行业，本书研究的是我国铝资源的可持续保障策略，归根结底也是需要各行业协调发展、相互促进才能最终实现这个宏伟目标，因此本书不仅关注铝工业内部各种含铝物质的生产、消费、贸易与回收情况，并且关注铝工业与其他各领域的关联和协调发展水平，从而在政策制定时更加注重整体性和可持续发展的全面性。

4. 中国航空航天业的发展亟须高品质铝材的支撑

铝及铝合金材料在各类飞行器以及航空航天基础设施建设方面的应用十分广泛。由于铝及相关铝合金材料具备良好的铸造和加工性能，可以根据各种产品具体的规格要求加工成各种形态及形状的结构件、零部件，广泛应用于航空航天领域。铝及其合金的轻质化特点不仅能降低飞行器的燃料动力消耗，增加其有效载荷和续航距离，还能大幅度提高飞行器的安全性和机动性。随着飞行器减重需求的日益增长，铝及铝合金越来越受到重视，与钛合金及复合材料并称为航空航天领域的三大轻质结构材料（李红英等，2019）。

工业纯铝的不同特质为将其加工成不同形态、形状、种类的产品奠定基础，首先纯铝为顺磁质，属于弱磁性材料，该类材料可以通过适当加工处理制造罗盘、天线、飞行器操纵室的器具等产品。铝表面呈现银白色光泽，对电磁波、红外线、紫外线、热辐射等都可以进行良好的反射，它的表面抛光后对白光的反射率能够达到80%以上，高纯度铝经过电解抛光后对光、热、电波的反射性比银还好。纯铝受冲击时基本不会产生火花，是较好的仪表材料与电气屏蔽材料。铝的表面容易生成致密的三氧化二铝（氧化铝）保护膜，具有很好的耐腐蚀作用，能抵抗多数有机物腐蚀和酸腐蚀，如果采用适当缓蚀剂，也可抵抗弱碱液腐蚀。工业纯铝虽然具备诸多良好特质，但是一般情况下，工业纯铝难以满足各种产品要求，基本上是以铝合金形式使用，也就是以铝为基体，加入少量金属或非金属元素，通过合金化使其性能得到显著提升，达到一加一大于二的效果。与其他元素合金化后的铝合金具有更优良的特性，包括比刚度高、比强度高、塑性好、弹性好、抗冲击性能良好的优势，遇到低温其强度反而会增加但却无脆性，可用来制造液氢、液氧的储箱。与此同时，铝合金具有较好的成形及加工性能，可进行精密铸造和粉末冶金成形，适应轧制、拉拔、挤压、旋压、锻压等多种塑性成形方法，能进行车、刨、铣、镗孔等多种机械加工，可采用铆接、焊接等多种连接方法。

作为航空航天装备的主要结构材料，铝合金在百年的发展过程中一共历经了以下五个发展阶段：①1906年至20世纪50年代左右，这段时期是铝合金应用于航空航天领域的初始发展阶段，当时基于时效技术的发明，第一代铝合金被开发出来，具有较高的静强度。②20世纪60年代，在时效技术的基础上发明了过时效技术，并将其迅速应用于7×××系铝合金中，使晶界析出相不连续分布，通过适当牺牲强度而提高抗应力腐蚀性能，开发出第二代耐腐蚀的高强铝合金。③20世纪70年代初期与中期，飞机的安全与寿命是航空航天领域当前主要考虑与欲解决的问题，因此对高强铝合金又提出了增强断裂韧性的要求，基于合金纯化和微合金化技术的进步，再结合过时效处理技术开发出了具有高强度、高抗应力腐蚀性能和断裂韧性的第三代铝合金。④20世纪70年代末期至80年代，结合快速凝固技术，8009、8019、8122等型号铝合金被开发出来，用来制造飞机机轮锻件、火箭和导弹的头部壳体及尾翼以及发动机压气机叶片和涡轮散热器等产品。与此同时，随着铝锂合金熔炼技术的发展，国外加强了第二代铝锂合金的研究。20世纪80年代，性能优良的铝基复合材料被研制出来，具有连续纤维增强的作用，但是原料成本太高，加上制备工艺复杂，在当时并没有得到广泛应用。⑤20世纪80年代末期至90年代中期，新技术的发展使航空航天用铝合金材料获得了进一步跨越式的发展，随着主合金成分优化、精密热处理技术和精确控制技术的发展，第四代铝合金被开发出来，它具有高强、高耐损伤、耐蚀、高韧等实用性非常强的综合性能。与此同时，20世纪90年代中期至今，由于实践的需求，航空航天工业致力于性能更加全面、作用更加强劲的结构材料，一方面通过提高合金纯度、添加稀土等微合金元素调整合金的成分，另一方面通过改善熔炼技术与工艺、加工工艺、铸造工艺，并且采用新的热处理工艺技术等手段来不断尝试改善各种合金的性能，从而一批新型航空航天结构材料被实验并被开发出来，如超高强变形铝合金、低密高强高韧铝锂合金、高强耐热铝合金、铝基复合材料等一系列新型合金材料。

铝合金应用于航空航天装备材料的百年历程中出现了三个里程碑。1906年，德国的冶金工程师Alfred Wilm发现了Al-Cu-Mg合金的时效强化现象，并在不断试验下最终开发出 2017 型号铝合金，对飞机发展帮助极大，第一次世界大战后德国飞机用铝合金成分被列为国家机密。因此 2×××系铝合金的出现被称为航空航天用铝合金材料发展历程的第一个里程碑。1943 年，随着科技的发展和军事、工业化的日益进步，科技强国美国研制成功 7075 铝合金；1956 年，苏联研制成功 B95 铝合金，这些超高强度铝合金的出现，标志着科学家对铝合金的研究又登上了一个新的层次，被称为航空航天铝合金发展历程中的第二个里程碑。1957 年，美国铝业公司（Alcoa）研制成 2020 型号铝锂合金，锂是世界上最轻的金属元素，将锂元素加到金属铝中带来了意想不到的效果，也是近年来航空金属材料中发展最为迅速的一个领域，铝锂合金的出现被称为航空航天铝合金发展历程的第三个里程碑。高性能的铝锂合金作为飞行器结构材料的重点发展方向，目前只有美国、俄罗斯、法国和中国建立了铝锂合金熔炼—铸造—加工的完整生产体系，全球有 7 个工厂能生产铝锂合金轧制材，11 个工厂能生产铝锂合金挤压材，9 个工厂能生产铝锂合金锻件，我国的西南铝业集团有限公司在列（李红英等，2019）。

铝及相关铝合金是性能优良的航空航天设备常用结构材料，我国也具备各种型号铝合金的生产与加工条件。近年来，我国在航空航天领域取得了巨大成就，随着"探月工程""火星探测""大飞机"等发展规划的逐步推进，铝合金材料的研究也必将更加深入，弥补我国高品质铝材的缺陷，对于航空航天业的持续健康发展具有深远影响。但是高品质铝材对技术、工艺与加工设备的要求非常高，我国航空航天领域目前具备的人才与科技条件有限，需要进一步加强人才培养与科技创新。

（二）选题目的和意义

本书模拟 1996~2016 年中国铝元素在生产阶段的代谢过程，研究中国铝资源在该时期的供需状况、供给结构和安全保障度，并对其可持续性（是否能够可持续发展、如何促进其可持续发展）进行评价。此外，本书通过测算我国铝资源循环利用的回收潜力，借鉴其他国家可持续发展实践，提出我国铝资源可持续供应、铝工业可持续发展的对策。本书的研究可以实现以下四个目的：

（1）了解中国铝土矿的资源禀赋，铝工业的发展状况、变化情况以及供需趋势，发现其发展不良、存在供应不确定甚至供应危机的环节，从而使政策制定者可以及时调整发展方向，向最有利于可持续发展的资源循环利用的方向迈进。

（2）动态评价中国铝资源的保障状况，查看其保障程度是否处于一种不安全的、不确定的和不可持续的状态；也查看铝工业的综合发展现状与趋势，在整个社会大环境中处于怎样的地位，与经济社会系统中其他领域之间的关系如何，是否是相互促进、协调发展的局面，从哪些方面可以促进其协调发展，从而有利于铝资源的可持续供应。

（3）测算中国铝资源循环利用的潜力，能够为铝产品的生产提供原料的能力，从而得知再生铝为中国铝资源的可持续供应和安全保障度做出的贡献程度。

（4）在国际关系和地缘政治日益复杂的当前及未来，不能单纯靠贸易、从资源丰富的国家进口矿石。该选题的研究不仅能够保证中国铝资源的可持续供应，解决资源问题和资源危机，而且能减少90%及以上的能源消耗和环境污染。

本书研究的理论意义是：

本书首先运用金属元素的代谢模拟方法——物质流分析方法研究1996~2016年中国铝生产阶段的各种流量（包括原生的和二次的产量、贸易量、损失量等）及各类铝产品的消费情况（消费量和消费结构）；从而得到中国铝资源的供给结构，再考虑到贸易情况，就可以得到中国铝资源的安全保障度，即自给自足程度；并采用两种方法预测未来15年原铝的消费需求。其次运用逼近理想解排序法对其中5年铝资源的可持续保障状况进行评价，且运用耦合协调度模型对中国铝工业在整个社会环境中的地位、与其他社会事业的协调发展情况进行定量评价。最后结合可持续发展的基本国策，并借鉴发达国家的发展经验，测算未来15年再生铝对铝总需求的贡献度，提出铝金属的循环利用可以有效缓解国内铝资源供应不确定性和不可持续问题。因此，本书的选题为"资源可持续保障程度及对策研究——以铝为例"，不仅丰富了矿产资源保障程度的内涵，还对铝的生产阶段进行细化剖析和研究，得出铝资源的供给结构；不仅运用物质流分析方法来研究铝资源供给及其安全保障度，丰富了该领域的研究方法，还运用多种方法测算了铝金属的回收潜力，即循环利用的潜力（再生铝供应量），并且做了成本分析、环境影响分析和贡献程度分析；另外从中国铝工业与经济社会系统其他事业相互促进、相互协调的角度来评价铝资源的可持续性。得出结论：再生铝是中国未来铝资源供给结构的主要组成部分，将有力保障铝资源的可持续供应。

经过上述总结和分析，本书的现实意义有以下四个方面：

（1）能够清晰准确地了解中国铝工业的发展状况，量化地掌握目前中国铝资源的供给结构和自给自足程度，以及保障程度的安全与否。

（2）通过对铝金属的回收潜力测算将得到铝的循环利用量（再生铝供应量），这不仅实现了铝资源的可持续供应，与可持续发展和可持续的资源管理所倡导的原则相吻合，而且大幅度减少了能源消耗和污染排放。

（3）铝二次资源的开发利用将会成为中国未来铝资源供给结构的主要组成部分，保证铝资源的可持续供应，为政策制定者提供依据和指导。

（4）为其他矿产资源在供给结构和保障度研究方法方面开辟了新路径，也将会引导其他有色金属向着循环利用的方向迈进。

二、国内外相关的研究现状及文献评述

（一）矿产资源保障程度国内外研究现状

基于不同的目的，国内外学者对矿产资源保障程度的研究侧重于不同方面，主要有以下三个方面：

（1）为了全面了解我国资源储量，准确地测算资源存量，帮助国家建立高效运作的矿产资源信息管理平台，能够随时获得有效信息，为各种层面上的决策尤其是在经济和社会发展方面提供客观和准确的基础资料，最终目的是保障我国矿产资源的持续稳定供给。基于此而进行的地质调查评价主要着眼于矿山、矿产资源各类储量。何海洲等（2014）通过统计分析广西铝土矿、锰、锡、锑等 12 个优势矿产查明资源储量的数量、类型、结构、品质、空间分布及开发利用现状，对其资源保障程度进行研究。柳炳利等（2014）基于藏中地区的矿产资源分布情况和地质背景，划分了 8 个评价区，以铜矿为研究对象，构建 5 个一级指标，12 个二级指标，运用熵值法客观确定指标的权重，并根据指标权重和指标数据值相乘求出最后的综合得分值，根据各评价区分值对藏中地区的铜矿资源保障程度进行分析。谢承祥等（2009）以中国 2005 年的铁矿资源储量库为基础，以辽宁、河北、四川、山西、内蒙古、北京、安徽、山东、湖北 9 个省份为重点，分析总结了我国查明铁矿区、累计查明铁资源储量和铁保有资源储量的数量和分布特点、占有情况及保障程度。

（2）研究矿产资源的可供性，强调了资源的保证可供年限、矿山的品位、开矿成本及经济效益等相关的经济指标。王然等（2015）结合矿业经济区发展阶段特点以及资源型城市分类标准将所选取的 30 个典型矿业经济区分为成熟型、衰退型、再生型、成长型四类，运用保证年限、经济承载力、矿山经济对经济发展、人口就业贡献四个关键指标，比较分析不同区域（东部、中部、西部）及不同类型的矿业经济区矿产资源保障程度差异特征。杨兵（2013）分析了我国近 30 年来有色金属的生产、消费及资源可供性等方面的情况，并从数据的可获取性、对外依存度的准确界定以及可比性口径要一致等几个方面来确定矿产资源领域的对外依存度。Scholz 等（2013a）在资源储量和位势的动态观点的基础上，提出了资源重要性、危要性和经济稀缺性的概念来对资源的可供性提供可靠的估计，并以磷资源为例解释这些概念是如何定义和测量的。

（3）针对矿产资源的各种问题，研究其保障战略及可持续开发利用的专家学者也有很多。王春秋（2007）采用可持续发展理论、资源经济学、资源战略、产业结构合理化理论等，对河南省7个重要铝土矿成矿区带进行了找矿潜力分析，最后系统研究了河南省铝土矿资源可持续发展战略。冯进城（2010）主要围绕我国金属矿产资源安全战略的研究展开，对我国金属矿产资源安全度进行评价，构建我国金属矿产资源储备体系和开发利用战略体系，最后以河南铝矿分析我国金属矿产资源的"两种资源、两种市场"战略。贺喜等（2013）采用多级模糊综合评判方法，从发展力和协调力两方面对河北省铁矿资源的保障能力进行了分析研究，发现河北省的铁矿矿产资源禀赋较强，开发条件较好，矿产资源能够为矿业的发展提供物质保障，具有较强的保障能力。汪一帆（2014）以中原经济区背景下河南重要矿产资源支撑及保障研究为研究主题，探讨河南如何根据自身的经济和资源形势，科学分析中原经济区建设的矿产资源支撑及保障并提出对策。Scholz 和 Wellmer（2013b）提供了如何从储量、资源和地理潜力的动态角度来提供可靠的资源可用性估计的方法，介绍了必要性、临界性和经济稀缺性的概念，并讨论了磷的定义和测量方法。Zhao 等（2014）论述分布于巴西、澳大利亚、俄罗斯、印度与中国部分地区的变质沉积型铁矿是世界上最重要的铁矿类型，也是世界上特大型铁矿的主要矿群，分析中国鞍山—本溪地区的铁矿资源现状，结合我国钢铁工业的保障程度较低的现状，提出中国应该给予贸易和开放外国矿业市场来保障铁矿的供给。Zhang 等（2016）认为，铁矿、铜矿、铝土矿、铅矿、锌矿等大宗矿产在全球与中国的经济发展中扮演着至关重要的角色，并分析和预测了未来20年这些矿产的资源储量与潜力、开发利用与供需情况，从而更有针对性地制定矿产开发利用的战略与具体行动计划。Goh 和 Effendi（2017）概述了马来西亚矿产资源可持续性有效管理政策，新的国家矿产政策（NMP2）是在1993年国家矿产政策（NMP1）的基础上改进的，目的是在全球化市场上系统地持续发展马来西亚的矿产资源潜力。Jia 等（2017）采用多学科方法综合讨论与资源有限的加工工业的可持续发展道路，有必要平衡环境与工业产品的生产和消费的经济方面，需要制定严格的概念、分析和量化方法，以便确定这种发展道路。

国内近几年才开始重视对于资源保障战略的研究，国家的资源保障战略研究多从宏观角度，定性分析的多，而定量分析的少，其操作性较弱。一些大的矿业跨国公司对于资源保障战略的研究更是非常重视，借助于高校或研究咨询机构，有较为系统而又详细的战略规划。对矿产资源的可持续开发利用主要集中在废料管理、建立模型测算使用存量和再生资源量上。Rombach（2013）以铝为例，解释了资源效率的各项指标，测算了各类产品的理论回收量，并指出这个统计指标不能作为循环的标准，因为长期耐用的产品的回收效率是极低的，贸易也会影响这个指标。Chen 等（2017）设计了一种基于网络的工具来生成交互式的桑基图，从而能够在复杂的经济系统中可持续地管理资源和废物流。Millward-Hopkins 等（2018）等运用集成建模方法对废弃物中的资源回收进行价值评价，并追踪和预测环境、社会、经济和技术维度的价值流，最终实现可持续的资源回收和废料管理。

另外，对资源的可持续利用和管理方面的研究还有 Prior 等（2012）采用跨尺度的方法，探讨了矿产峰值对经济和生产力的影响，以及技术和稀缺因素、环境和社会制约因素如何影响矿产生产的变化，并叙述了矿产峰值对全球主要矿产供应国澳大利亚的影响，以及对其矿产主要目的地亚太地区的影响，讨论在矿物供应受到限制的未来可持续经济如何过渡的问题。Lee 等（2014）旨在探讨以可持续循环经济为目标的资源战略对产品循环中微污染物再循环的影响，以三种邻苯二甲酸盐（即 DEHP、DBP 和 BBP）在欧洲的塑料和纸制品的质量流动为例进行情景分析，认为如果资源策略只关注量化目标，如增加废物回收利用率，全面实施欧盟浪费立法在 2020 年将会增加不必要的微污染物的回收。Lèbre 等（2017）从时间、提取策略和经济环境三个方面对一种材料是作为废料处理还是作为矿石处理进行了探讨，认为废物和矿石之间的细微差别需要根据矿山废物管理（MWM）的层次来确定，可将废物视为一种潜在的未来资源。Shiu 等（2017）使用生命周期评估来评估与工厂的资源管理策略有关的环境影响和利益（即避免影响），针对中国台湾金门群岛的污水处理厂提出了四项水资源及废物管理策略。Chowdhury 等（2017）论述了全球磷资源的主要可持续性挑战、它们对全球粮食安全的影响以及缓解方案。Guo 等（2017）认为，对传统基础设施的系统评价，以及对研究区域资源利用能力和探索可持续发展模式是非常重要的，并以物质代谢理论为基础，建立高速公路系统物料存量模型，分析山东半岛的种群规模、结构及其生命周期效应。Maung（2017a）提出铜的二次资源分类框架，引入了变量"次级储量比率"，并利用该框架评估全球、中国和美国的二次铜储量和资源，结果表明垃圾填埋场中存在大量的二次铜资源，是未来开采二次铜的潜在目标。Maung（2017b）应用二次资源分类框架评价了该框架的适用性，并对19个国家的二次铝储量进行了评估，垃圾填埋场中积累了大量的二次铝资源。了解原生铝和二次铝储量的大小，可以使我们从单一原生铝储量的狭隘视角扩展到原生铝和二次铝储量的更广泛视角，从而朝着可持续资源管理的方向发展。Sverdrup 等（2017）在对文献进行回顾的基础上，采用集成模型 WORLD 和 Hubbert 模型，并考虑开采成本和可采性对各种金属进行最佳估计，大多数金属的产量将在未来40年达到峰值，表明在不久的将来存在短缺的风险。当来自矿山的供应减少时，诸如回收社会存量、在必要时候用其他材料替代金属以及停止浪费使用等措施将成为重要的缓解工具。Raheem 等（2018）综述了污泥可持续处理与资源化利用的机遇与挑战，阐明了生物炼制和资源回收的方法来提取附加值产品和营养物质，以及污泥中金属元素和微污染物的控制选项。Soo 等（2018）分析了在二次铝流中产生杂质的接合技术类型，并在欧洲一家拥有领先的回收设施厂内进行了一项实证实验，结果表明机械紧固件，如机械螺钉、内六角螺钉、螺栓螺钉和铆钉，是造成杂质的主要接合技术类型。此外，还进行了生命周期评估，以评估回收不同杂质水平的不同质量的铝废料对环境的影响。

在国内外学者对于矿产资源的总体保障程度或者某种矿产资源的保障程度的研究中，在内容上，基本上都是着眼于矿山、矿产资源各类储量、可供年限及矿山开发的经济性，如投资回报率、投资回报期和收益等相关的经济指标，与本书研究中保障程度的含义有很大的不同；并且很少对保障程度进行可持续性的评价，也很少涉及与可持续相关的指标；研究铝资源供给也只是局限于铝土矿储量的可供年限及贸易情况，而很少研究某种矿产资源的总体供给结构，也很少涉及二次资源的供给及金属的循环利用方面。

（二）物质流分析的国内外研究现状

物质流分析（Materials Flow Analysis，MFA）作为研究经济系统与生态系统之间物质流动规律及其量化的一种方法，主要反映输入、输出经济系统的物质流量和存量，衡量环境中各种物质的使用量及物质使用后污染所造成的外部成本并就不同物质类别予以内部化，对于认识经济活动与环境退化之间的关系有重要的意义（吴开亚，2012）。它是系统性的元素代谢模拟和资源管理方法，通过该方法，可以减少社会经济活动中的物质投入总量，提高资源利用效率，增加物质循环量，并且减少最终废弃物排放量。而循环经济的本质是改造或者调控现有的线性物质流模式，通过循环利用资源来提高资源及能源的使用效率，从而形成效率较高的物质循环模式。因此，物质流分析和管理是循环经济的重要技术支撑，也是循环经济的核心调控手段（杨洁等，2005；周启星，2013；董家华，2014）。

物质流分析方法来自代谢理论和投入产出分析，分析过程中物质输入输出的计量标准是物质的质量，根据自然界中物质的质量守恒定律可以得到：输入到经济系统中的物质质量等于该系统生产产品的物质质量与废弃物的物质质量及系统存量的总和。这里所提到的物质包括化学元素原材料及产品，当然也包括废弃物即向空气、水的排放物（二氧化碳、废水中的各种化学元素、固体废物等）（程欢等，2011）。

元素流分析（Substance Flow Analysis，SFA）是在物质流分析的基础上发展起来的，主要针对特定元素的研究，可以通过它们的生命周期过程追踪元素的来源、路径、转换及最终的去向（Baccini and Brunner，1991）。它已经被环境管理和废物管理的决策制定者广泛采用，用来进行定量分析，使资源更好地合理利用。大约十几年前，学者开始将其用在解决与资源相关的挑战上，现如今，一些团队积极致力于使用元素流分析来考察资源问题，其中耶鲁大学的工业生态学中心最为突出。由于资源管理中对于数据的完整性要求很高，因此元素流分析将会在这个领域被更加广泛地运用。另外，它可以利用质量守恒定律追踪金属的命运，并且评价金属在整个生命周期中所产生的环境负担（Chen et al., 2010）。元素流分析在支持资源管理决策时的主要优势是：统一的方法论和可重复的结果；拥有能够早期觉察资源损耗和积累的系统的知识基础，在资源管理中能够确定主次顺序；是评价系统的支柱；完全透明的可能性大（Brunner, 2012）。

SFA 将铝元素的整个生命周期分为四个阶段（见图 1-3）：生产阶段（Production, P）；加工与制造阶段（Fabrication and Manufacture, F&M）；使用阶段（Use, U）；报废与再生阶段（Waste Management and Recycling, WM&R）。除使用阶段外，每一阶段都有子过程，并且各阶段之间物质输入和输出是平衡的。

大量学者运用该方法分析铝元素的生命周期的各个环节从而提供政策指导，保护生态环境。Melo（1999）提出了若干个模型（主要是统计学方法）用于估计从废旧金属产品中产生废料的潜力，然后预测了德国铝在报废与再生阶段所产生的旧废量。Boin 和 Bertram（2005）运用物质平衡法分析了 2002 年欧盟 15 国的铝回收行业。Dhalström 和 Ekins（2007）将 SFA 和经济、环境维度：价值流分析结合起来分析 2001 年英国的铝流。Hatayama 等（2007）对日本的铝及其合金元素应用动态的 SFA 和群体平衡模型估计了 8 种铝产品的未来废弃量。McMillan 等（2010）使用动态的 SFA 模型测算了 1900~2007 年美国铝的使用存量和旧废回收量。Liu 和 Müller（2011）使用动态的 SFA 模型模拟美国铝循环的存量和流量，分析相应的温室气体排放。陈伟强（2009a, 2009b）和 Chen（2010; 2012a, 2012b）应用 SFA 方法研究了铝的整个生命周期，包括生产、消费、贸易、存量、损失量等。Ciacci 等（2013）应用动态的 SFA 模型分析意大利的社会经济活动中的铝循环，并测算了 1947~2009 年的流量及存量。Buchner 等（2014）采用静态的 SFA 模型分析奥地利 2010 年的铝流，并且在铝的生产、消费、贸易和废

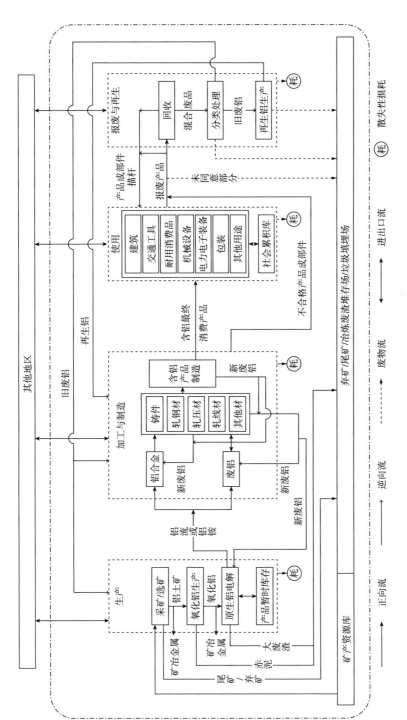

图 1-3　人类活动造成的铝的社会流动过程

资料来源：陈伟强等（2008）。

料管理方面进行了广泛的数据研究。Yue 等（2014）在铝产品生命周期的基础上分析考察了中国 2003~2007 年社会经济活动中的铝循环。当然，这个方法也被用来研究其他金属，如铜（Graedel et al.，2002；Spatari et al.，2002；Bertram et al.，2002；Rechberger and Graedel，2002；Barbara and Bertram，2006；Ichiro et al.，2009；Zhang et al.，2014）、镍（Barbara et al.，2008）、锌（Graedel et al.，2005；Barbara，2006；Guo et al.，2010）、钢铁（Wang et al.，2007）、铅（Mao et al.，2008a，2008b）、银（Johnson et al.，2005）、磷（刘毅和陈吉宁，2006a，2006b）等，基本上也是从这些金属的流量、存量、整个生命周期的环境负荷等内容入手。现在更是将该方法运用到更加微观的层面，用来测算某地区或者某个小区域范围内的某一类产品或者某一种产品的回收率、回收量和回收潜力。Hoyle（1995）测算了英国含铝制汽车的回收机会，比较了不同类型铝合金的回收难度与回收成本，从而为废铝工业与汽车工业指明未来的发展方向。Gesing 和 Wolanski（2001）总结了轻型金属与不同类型的合金在交通领域的使用量稳步增长，也论述了当时汽车回收系统与轻型金属分类的新进展。Müller（2006）提出了一种通用的动态物质流分析模型，通过同时估算人口及其生活方式来确定国家或地区资源需求和废物产生的新方法，并将其应用于 1900~2000 年荷兰住宅混凝土的扩散问题，在标准场景和参数变化情况下，给出了仿真结果。该方法主要适用于任何人为物质存量测算。Modaresi 和 Müller（2012）认为，由于精炼困难以及为了降低利用成本，铝金属消费后被回收回来，却被降级和稀释利用，因此建立了全球车辆系统的动态物质流模型，以评估潜在废料剩余的可能性、时间和程度，讨论避免废料剩余的各种干预方案。Niero 和 Olsen（2016）认为，铝产品的生命周期评估（LCA）通常基于一个生命周期考虑纯铝流动，而忽略了合金元素和杂质的存在，因此运用情景分析法探讨在铝罐的生产和回收的整个生命周期评估中包含实际合金成分的影响，从而进一步探索铝饮料罐能改善环境性能、实现循环经济的关键行为。Gu Yifan（2016a）以北京老旧电视为研究对象，采用问卷调查法和多主体成本—效益分析法测算发展中国家非正式电子废弃物回收企业的稳定性与盈利能力。Gu Yifan（2016b）利用动态可持续供应模型测算了 2010~2050 年中国的电子废弃物资源可持续供应指数（SSI）和一次资源累积消耗（PRAC），并运用情景分析法证明从长远来看，可以通过生产者延伸责任制度来完善正规的废弃物回收网络体系，从而在 2037 年实现北京可持续的资源供应，也进一步为中国电子行业的可持续资源供应提供保障。

国内外绝大多数学者是运用物质流分析方法和在此基础上改进的模型单纯地分析铝的生产、加工制造、使用、报废与再生阶段过程中的流量与存量，如产量、消费量、损失量、贸易量和回收量及回收潜力等，以及与能源消耗和碳排放等环境因素相结合，研究铝的生产利用对环境所造成的负担，而很少将物质流分析方法作为模拟铝元素的代谢过程、测算铝资源供给结构及其保障程度的基础。与此同时，也很少测算再生铝供给对总消费需求和保障程度的贡献度。

（三）资源评价的国内外研究现状

现代综合评价方法多种多样，视对象不同、范围不同、评价内容不同等，即使同一种方法在不同研究的实际运用过程中也存在很大差别。但是总的来讲，现代综合评价方法一共有四大类，分别是：专家评价方法，主要是专家打分综合评判法，这是较早的一种评价方法；与运筹学相结合的方法，如层次分析法及其衍生方法、模糊综合评判法、数据包络分析法等；基于统计学与经济相关的方法，如 TOPSIS 多目标决策评价法、主成分分析法、费用效益法等；相对较新的评价方法，如人工神经网络评价方法、灰色综合评价法、混合方法等。在资源评价领域，不同类型资源的主要评价方向也有很大的差别（见表 1-2）。

表 1-2　不同类型资源的主要评价方向

评价对象	主要评价方向
旅游资源	旅游资源的生态价值、对游客的吸引力、气候、景区环境质量影响等
水资源	水资源的承载力、安全程度、流域水系统的健康状况、可持续利用等

评价对象	主要评价方向
人力资源	人力资本的安全、管理者的胜任力、人力发展指数、员工选择过程中的影响因素和优先级标准等
矿产资源	可持续和综合利用、地区承载力和保障能力、资源安全等
资源合理分配	对方案进行评价并最终选取最合适的方案

对旅游资源的评价：Baby（2013）采用 AHP 方法建立模型来处理海岸带景观资源保护的多准则决策和优化策略。Zeng 和 Bao（2013）结合湖泊旅游资源特点，采用德尔菲法、层次分析法和模糊综合评价法三种定量评价方法，构建了湖泊旅游资源开发工程评价体系和模型，发展了旅游资源价值评价理论。朱鹤等（2015）以北京市为例，建立城市旅游资源分类体系，对统计资源进行分类，采用层次分析法，建立基于网络信息的旅游资源单体吸引力评价体系，对北京市的旅游资源吸引力进行评价。林媚珍等（2015）分析了现代的各种旅游环境容量管理模式，结合白云山的实际情况，应用模糊综合评价法和层次分析法，定量评估了白云山风景名胜区生态环境的现状。张博雅等（2016）以北京市百花山国家级自然保护区为例，运用层次分析法和 SWOT 分析对其生态旅游资源进行了综合评价，提出保护区开展可持续生态旅游的建议，以期能更好地开发百花山保护区的生态旅游资源。孙滢悦等（2016）以现代灾害风险理论为基础，综合运用自然风险指数法、层次分析法、加权综合法等风险评估方法，以空间分析、网格技术、数据展布等技术手段对吉林省旅游资源分别从行政区、网格两种空间尺度进行区域旅游资源灾害风险评价。王妍方等（2016）利用攀枝花地区近 10 年的基础气象资料，对风寒指数、温湿指数、人体舒适指数和着衣指数进行分级赋值，通过模糊层次分析法（Fuzzy Analytic Hierarchy Process，FAHP）确定权重，并构建了旅游气候舒适度模型对攀枝花地区全年的旅游气候舒适度进行评价。邵嘉玥（2017）等利用 TOPSIS 法与层次分析法相结合，建立了水资源可持续利用的 TOPSIS 评价模型，并对 2001~2014 年银川市水资源可持续利用状况进行了综合评价计算。

对水资源的评价：Wang 和 Xu（2015）以水环境承载力的时空变异性为研究对象，探讨一种动态连续评价方法，并将方法应用于我国水环境承载力的动态连续评价与省际比较。Xi 和 Poh（2015）提出了一种可持续水资源管理综合决策支持的新工具，即借助系统动力学与层次分析法的协同作用，将其应用于新加坡水资源管理评价中。Pan 和 Zhao（2015）利用层次分析法建立 15 个定量分析与综合评价指标，研究表明 2004~2008 年衡水市水资源可持续利用水平不断提高，但由于水资源严重短缺，水资源状况和环境不容乐观。赵义等（2016）以我国中原经济区这一重点开发区域为例，基于层次分析法构建了以水系统自然条件、水系统服务功能及人类活动影响三要素（共计 20 项指标）为基础的流域水系统健康评价体系，以便在水资源与水环境双重制约下为制定人水和谐发展的政策提供决策支持。刘雅玲等（2016）基于压力—状态—响应（PSR）模型框架，构建城市水资源承载力评价指标体系，同时应用层次分析法确定各项指标权重，引入指标综合评价法，结合中国城市发展现状及规划设置标准，并以福州为例，评估其城市水资源承载力。崔宁博等（2016）综合分析农业节水发展水平的影响因素，选取了工程节水、农艺节水和管理节水 3 个二级指标和 33 个三级指标，建立了区域农业节水发展水平综合评价指标体系，并对四川省农业节水发展水平进行了综合评价。李俊晓等（2015）结合泉州市的自然、经济、社会以及水资源资料，采用层次分析法—模糊综合评价法，对泉州市水资源可持续利用进行综合评价。沈俊源等（2016）建立"三条红线"为基准的水安全量化指标体系，并提出基于信息熵的水安全模糊集对评价模型，通过模糊联系度的计算和置信度准则确定水安全评价等级，对青海省 8 个行政分区的水安全进行评价研究。

对人力资源的评价：聂思痕（2016）鉴于战略性新兴产业的典型科技先导特征和对人才资源的高度依赖与需求的多变化，以及产业内人力资源日益明显的资本化特征，从动态干预入手，根据层次分析法和模糊综合评价法对战略性新兴产业的人力资本安全预警进行研究，并以江西省为例建立具体的分析模型。肖舒刘（2016）以矿产行业人力资源管理者为研究对象，就其胜任力问题展开研究，构建出包含 5 个一级指标、19 个二级指标的矿产行业人力资源管理者胜任力评价指标体系，以矿产行业 W 集团案例进行实证检验。Paktinat 和 Danaei（2014）采用语言形式的问卷调查法，请专家对每一对五项的相对重要性进行判断，并基于模糊层次分析法对伊朗的收入、文化、卫生保健、知识和公民权利 5 个影响因素进行排序。Kusumawardani 和 Agintiara（2015）探讨了模糊 AHP-TOPSIS 方法在人力资源选择问题中的应用，并应用这种混合方法在印度尼西亚一家著名电信公司的经理选择过程的案例，显示出不同地区在经理选择过程中的一些差异。Lele（2015）将候选人遴选的面试过程分为两部分，试图利用层次分析法—线性规划构建一个数学和可靠的方法来建立一支高效的软件项目团队。

对矿产资源的评价：黄寰等（2015）基于牛文元的五大支持系统，先以层次分析法为基础，对我国矿产资源可持续发展水平综合值展开评估，然后辅以 logistic 模型回归进行预测，并结合主成分分析法实现对指标降维以达到用较少变量解释大部分变异的作用。薛黎明等（2015）采用改进的层次分析法和熵权法相结合的主客观权重组合法来确定矿产资源可持续力综合评价中各指标的权重值，将组合权重法和分级模糊综合评价法有机结合，进行了湖南省矿产资源可持续力综合评价。范凤岩等（2018）从经济地位、国际市场供应风险、应用前景和中国因素四个维度出发，选取 10 个指标建立海外矿产资源投资优选评价指标体系；以 21 种主要的金属矿产资源为研究对象，通过熵权法客观确定指标权重，然后利用加权 TOPSIS 方法测度并构建评价模型，为企业的投资决策提供参考。王雪峰等（2015）以煤为例，在用层次分析法对评价指标进行初选的基础上，采用条件广义方差极小法对评价指标进行二次筛选和优化，优化后的评价指标体系体现了人们对矿产资源"物尽其用"的要求，也具有灵活性、客观性和可操作性。徐水师等（2011）从煤炭资源、煤炭生产现状入手，按照煤炭资源区划，分析了我国煤矿产能及其分布，按照区域煤炭产能估算公式，测算我国已查明的资源储量形成产能；同时对影响煤炭产能的水资源、生态环境、安全集约化生产、运输、大气环境等多种约束条件进行研究与评价，估算出我国煤炭科学产能。王飞

（2013）建立了一个综合性的矿产资源战略评价模型，并运用这一模型，对中国煤炭资源可持续利用中最为关键的时空协调过程、供给保障风险和环境影响问题进行了实证研究，探讨了促进矿产资源可持续利用的对策。Jiang 等（2013）利用层次分析法确定指标的权重，将这些权重加入到层次聚类分析的指标变量中，以典型资源为例，对矿产储量进行更合理的分类，为建立我国矿产资源战略储备机制奠定基础。于冬梅等（2010）运用 AHP 方法，构建了石油矿产资源的安全评价指标体系，建立了层级结构与判断矩阵，并确定了相应的指标权重，最后进行了实证剖析，结果表明我国石油资源安全程度最低。张佳东等（2013）界定了镍资源安全的内涵，按照短期市场安全和长期战略安全，建立了两套安全评价指标体系，采用层次分析法确定各指标权重，分别从两个方面定量评价了 2002～2012 年我国镍资源安全状况：整体呈下降趋势。于伟军（2014）以铜资源的供需平衡为分析基础，建立 DCR 模型，对中国铜资源评价期的供应安全情况进行评价和预测，其供应安全指数为负值，因此对中国铜资源需求分析与展望、中国铜资源的经济承载力及人口承载力等方面进行研究，提出发展熵力的概念及 3-D 平衡模型来解决铜资源的可持续发展问题。

　　资源合理分配方面的研究主要有：Li 等（2012）运用层次分析法构建了流域水资源初始配置评价指标体系，对黄河流域水资源初始配置进行了实证研究，并提出了水资源初始配置方案。通过对黄河流域九省原有水资源配置的调整，可以体现取水的公平性和效率性。Zhang 等（2013）构造多级评价标准体系的创新、价值和实用性三维空间，结合模糊 TOPSIS 法和模糊 AHP 法建立多级评价和选择模型，选择复杂的农村信贷产品创新解决方案开发活动作为分析案例，以验证该模型的实际可操作性。马乐宽等（2015）以资源禀赋、社会经济、农业生产生活、污染治理水平为主要考虑因素设计指标体系和层次结构，建立了湖库型水体总氮总量控制目标分配方法，并在石头口门水库流域进行了应用，为湖库型水体总氮总量控制目标分配及石头口门水库流域总氮总量控制提供借鉴。

　　本书在对中国铝资源进行可持续保障现状及未来趋势评价时，构建 TOPSIS

多目标评价决策模型，同时为了研究我国铝工业与经济社会其他事业之间相互联系、相互依存的发展关系，采用了两系统的耦合协调度测算模型，量化本研究重点关注的铝工业系统与整个经济社会系统之间的耦合与协调发展关系。耦合（Coupling）起源于物理学，但广泛应用于生态学、地理学、经济管理等领域，表示各要素指标之间相互依赖与相互影响的动态关联关系（易平和方世明，2014）。耦合概念最早被应用于草地农业系统中，通过建立特定耦合模型来研究该系统内部子系统相互之间的影响力及影响趋势（孙语泽，2019）。草地农业系统的耦合关系相对比较简单，没有来自人类活动等诸多不可控的因素影响，之后各领域学者针对不同评价系统构建相应的复杂程度更高的评价模型，"协调度"概念是其中研究频率最高的。协调是各要素指标之间健康发展与良性循环的关系与趋势，使用协调度来度量（刘定惠和杨永春，2011）。许多国内外学者利用"耦合协调度"概念与多种测算方法来量化相关系统是否真正配合默契与良性循环，可以通过评价指标的综合评价值来观测系统内部各要素的发展现状、趋势与发展不协调之处，以期制定更为科学的发展与改革政策方针（孙语泽，2019）。"耦合协调度"是近些年系统评价的常用概念与模型，主要应用的研究对象包括产业创新与区域创新能力；资源环境与经济发展的耦合协调分析与预测；以中国"扶贫攻坚战"为背景的旅游业、交通与精准扶贫的关系；新型城镇化与产业发展、生态环境保护的相互影响关系；各类产业（包括工业与服务业）与经济、环境的耦合协调发展关系等，这些研究内容涵盖了目前我国经济社会发展涉及的主要领域，为我国各项事业的协调发展提供了有力的政策依据。

（1）耦合协调度模型应用于产业创新与区域创新能力的研究主要有：祝影和王飞（2016）引入耦合理论，将创新驱动发展解构为创新和发展两个系统的耦合关系，系统综合发展水平和耦合协调度可以作为创新驱动发展绩效的综合评价尺度。在此基础上，探讨区域创新系统、区域发展系统的耦合机理，并运用耦合评价模型对中国省域创新驱动发展绩效进行实证分析。陈妤凡和王开泳（2018）通过建立开发区产业创新与产业结构优化升级耦合模型，选取武汉东湖新技术开发区进行实证分析，测算其 2003～2015 年产业综合系统的耦合关联度和耦合协调度，并提出相关建议与对策。李二玲和崔之珍（2018）采用协整检验和耦合协调模型方法，分析不同尺度区域创新能力与经济发展水平耦合协调状况的时空演化及差异规律。

（2）耦合协调度模型应用于资源环境与经济发展的耦合协调分析与预测的研究主要有：周成等（2016）构建了区域经济—生态环境—旅游产业耦合协调评价体系。首先，以长江经济带沿线 11 个省市为例，运用加权 TOPSIS 法对该区各省市三大系统的综合发展水平进行评价；其次，基于耦合协调模型，从时空维度对长江经济带各省市三大系统耦合协调演化关系给予分析；最后，运用灰色 GM（1.1）模型，对该区三大系统的未来耦合协调度进行预测。逯进等（2017）全面解析了系统耦合机制，以此为基础构建了能源、经济与环境三系统耦合模型，测算了 1995～2014 年中国四大区域（东部、东北、中部与西部）三大系统（能源—经济—环境）间的耦合协调水平，并从时空两个维度对区域三系统交互关系的变化特征以及差异做出了全面讨论。王然和成金华（2019）通过构建经济社会发展与资源环境指标体系，运用耦合协调度模型，对长三角城市群 26 个城市经济社会与资源环境（ES-RE）的耦合协调情况进行了评估，结果表明长三角城市群应加强城市合作，充分利用资源环境优势，加快优化产业结构，探索跨区域的管理模式，促进长三角城市群协同与高质量发展。

（3）耦合协调度模型应用于旅游业、交通与精准扶贫关系的研究主要有：张琼（2019）以乡村旅游发展在经济效益、社会效益和环境效益上体现的价值与精准扶贫在乡村经济发展、乡村社会发展和乡村生活环境改善上的成果组成耦合系统，通过耦合协调度评价模型对其耦合协调度进行测算。研究表明，河南省乡村旅游与精准扶贫发展具有良好的协同效应，但两者均未达到成熟阶段。李凌雁和翁钢民（2020）基于 2006～2016 年我国省域旅游与交通发展面板数据，采用耦合协调度模型及探索性空间数据分析法，探究二者之间的协调发展程度及其时空格局演变趋势，进而为旅游产业与交通发展的相互促进、区域之间的协调发展提供理论参考。

（4）耦合协调度模型应用于新型城镇化与产业发展、生态环境保护的相互影响关系的研究主要有：Song 等（2018）构建了一个碳排放与城市化系统的协调度模型和耦合协调度模型，以中国 30 个省份的数据为基础，探讨了在快速城市化阶段如何实现低碳发展，并运用情景分析和案例分析对结果进行解释。王芳等（2020）利用 2003~2017 年全国 30 个省份的面板数据，建立面板向量自回归模型、耦合协调度模型、面板中介效应模型及面板门槛模型，实证研究中国新型城镇化与产业结构升级的耦合、协调和优化。樊文平等（2020）构建城镇化发展评价指标体系，基于大气污染监测数据，采用全局主成分分析、和谐度模型、耦合协调度模型及 GIS 等方法，研究山东省城镇化发展与大气环境的耦合协调关系。朱光福和周超（2020）以 2007~2016 年长江经济带 11 个省市的面板数据为研究样本，将长江经济带分为长江上游地区、长江中游地区和长三角地区进行对比研究，并从新型城镇化和工业绿色化两个维度建立指标体系，利用熵权法确定指标权重，对新型城镇化与工业绿色化发展以及二者的互动耦合情况进行了实证分析。

（5）耦合协调度模型应用于各类产业与经济、环境的耦合协调发展关系的研究主要有：艾怡凝等（2018）选取 2006~2015 年工业废水、工业 SO_2 排放量和人均 GDP 数据，建立各环境指标与人均 GDP 的环境库茨涅兹曲线，再将曲线分别与 Tapio 脱钩模型耦合，来研究四川省工业发展的环境经济特征。王俊岭等（2019）基于 2011~2018 年我国 40 家主要钢铁企业的面板数据，建立耦合协调模型对技术创新与经济增长的耦合情况进行分析，运用多元回归分析对子系统之间的内在关系进行探究，并建立灰色预测模型，对耦合协调度进行预测。洪水峰和张亚（2019）以长江经济带为研究对象，通过构建钢铁工业—生态环境—区域经济耦合协调评价模型，选取 2000~2016 年面板数据进行耦合协调研究。陈治国等（2020）在比较分析我国与其他主要国家物流成本的基础上，基于省际面板数据，运用改进的熵值法与耦合协调度模型可实证分析物流业与国民经济的耦合协调发展关系。

对中国铝资源可持续保障与铝工业发展现状的评价主要集中于系统内部，而针对该系统与其他发展系统的动态关联关系、配合默契度和良性循环程度评价的文章却比较少，且定性评价多，定量评价少。因此本书在构建 TOPSIS 多目标评价决策模型的同时构建中国铝工业与经济社会系统的耦合协调度模型，不仅评价中国铝资源的可持续保障现状及未来趋势，并且深入到整个产业层面，将铝产业置于社会环境之中，全面评价我国铝产业的发展状况以及与其他产业的协调互动关系，从而在制定与实施相关战略时可以整体推进、齐头并进。

鉴于上述矿产资源保障程度、物质流分析与资源评价的国内外研究现状，本书与之前的相关研究相比，其独特之处在于：运用物质流分析方法深入剖析了中国铝金属生产阶段的全貌，测算了中国铝资源的供给结构和自给自足程度（安全保障度），并且将循环利用的二次资源纳入供给结构和保障程度之中，还实现了再生铝供应量对铝资源可持续供应的贡献度测算。经估算，铝金属的循环利用将大大提高中国铝资源的保障程度，贡献度可以达到 20% 以上，可以分担国内消费需求的三分之一，在很大程度上缓解铝资源的短缺和不均衡问题，为经济、社会、资源、环境的可持续发展做出巨大的贡献。

三、研究内容及技术路线

（一）主要研究内容

本书首先对相关的理论基础（资源稀缺论、资源安全论、可持续发展理论、资源循环理论、协调发展理念与系统思想和战略管理理论）和中国铝土矿的资源禀赋进行简单的介绍，接着是铝元素的代谢模拟方法——物质流分析，并描述中国铝元素在生产阶段的代谢过程。与供给和保障联系最为密切的就是生产阶段，该阶段主要有三个子阶段：铝土矿开采、氧化铝生产和原生铝电解，并且计算相应子阶段的资源效率、净进口依存度指数和总体上的二次铝的比例。结合中国20年来各种铝物质的供给情况，铝消费量和消费结构的变化情况，这样就会清晰地弄清楚国内原材料、原生铝和二次铝的生产情况和贸易情况，也为后面的供给结构和安全保障度研究奠定了基础，并使用"S"形模型法和部门消费法预测未来15年中国原铝的需求趋势，并相互补充修正取得合适的数值。

其次，在供给结构和安全保障度测算部分，需要构建相应的测算模型和具体的测算方程式，而且对相关的模型参数和计算指标进行概念界定和详细解释。供给结构模型包括三个部分：国内原生铝供给、国内二次铝供给、贸易补偿供给。同时，用安全保障度量化我国铝资源自给自足的程度。通过对这两部分的测算最终得到20年来铝供给结构和安全保障度的变化趋势。按照可以保障、基本保障、短缺和严重短缺四个等级进行划分。

再次，运用逼近理想解排序法（TOPSIS法）对其中5年中国铝资源的可持续保障状况进行评价。将5个年度作为5个备选方案，建立中国铝资源可持续保障评价指标矩阵，将铝土矿产出量、铝土矿进口量、尾矿、氧化铝产量、氧化铝进口量、氧化铝出口量、赤泥、原铝产量、原铝进口量、原铝出口量、熔渣、二次铝产量作为评价指标的原始数据来源。然后进行数据处理和计算，得出评价结果，并进行解释分析。与此同时，本书更加关注铝工业在整个社会环境中处于怎样的地位、与其他社会事业的关系如何、其他社会事业如何更好促进铝工业的可持续发展等问题。因此，本书构建了中国铝工业与经济社会系统的耦合协调发展评价指标体系，以1996~2018年中国铝工业子系统与经济社会子系统的面板数据为基础，对中国铝工业子系统与经济社会子系统20多年来各自的综合发展情况以及它们的耦合协调发展情况做出评价，目的在于进一步挖掘出发展不协调与薄弱之处，以便更好使铝工业与整个社会环境相协调，更有利于铝工业的可持续发展。

最后，在对中国铝资源的可持续保障评价结果进行分析之后，认为目前最有效的应对措施就是合理开发利用二次资源，即铝资源的循环利用，以期优化铝资源的供给结构，实现其可持续供应。循环利用部分将介绍中国有色金属循环利用历史及进展；铝的循环利用特性（可再生性）及其应用；全球和典型发达国家可再生资源及铝金属循环利用概况，以及中国再生铝循环利用的现状；中国铝资源循环利用所具备的基本条件、再生铝供应量的潜力预测及其对保障程度的贡献度，对成本节约和环境影响也做了简单分析；并针对中国铝资源要如何实现可持续保障、中国铝工业如何实现可持续发展提出相关对策建议。

（二）研究方法与技术路线

本书采用的研究方法主要有以下四种：

（1）文献研究法。顾名思义，该方法是通过查阅以往文献来获得某项研究课题或者某种研究目的的相关数据、已得结论等各方面的资料，从而全面正确地了解和掌握所要研究问题的历史和发展现状。各种学科研究广泛使用该研究方法，它的主要作用有：了解所要研究课题的相关发展历史和研究现状，帮助确定相对具体的、有价值的研究课题；能从大量的文献资料中形成对研究对象的一般的、客观的、整体的印象，有助于研究者的观察和访问；能得到不同历史阶段研究对象的比较资料；有助于研究者掌握研究课题的全貌。本书是在阅读了大量国内外文献并进行总结的基础上确定有价值的研究方向，进而进行选题并确定具体的研究思路及研究内容框架。

（2）系统研究法。该方法是以系统论方法、信息论方法和控制论方法为代表的科学研究方法，是人类科学认识和解释周边所处的各种环境的强有力手段，也为认识研究对象提供了系统的科学方法。本书从系统观念出发，将中国铝资源的供给看作一个整体、一个系统，解析其结构可以得到大量信息，不仅可以作为优化供给结构的依据，而且可以更准确地测算其安全保障度。

（3）统计分析法。前提条件是利用数据统计学知识，对收集起来的大量统计数据做进一步数学处理再利用。可以直接计算年均增长率、占据份额等相关指标，也可以对有关数据建立相应的函数表达式，并加以外推，就可以用于预测之后变量的变化趋势。目前，研究者很多都是利用回归分析法对研究对象进行合理解释和简单预测。中国铝资源的供需分析、原铝需求量的预测、供给结构和安全保障度的计算、可持续保障状况评价、再生铝供应量的预测等都包含统计分析思想。回归方程主要使用在中国再生铝未来 15 年的供应量预测上，与其他方法相互补充修正，并且为之后测算再生铝供应对保障程度的贡献度奠定基础。

（4）类比分析法。该方法是一种严谨的推理方法，由一类事物所具有的某种属性为出发点，通过分析可以推测到，类似的事物也应该具有这种属性。本书通过分析全球与典型发达国家（美国、英国、法国、德国和日本）对资源循环利用事业的支持力度，以及目前全球和各国铝资源循环利用的发展概况，并结合中国再生铝工业的发展现状，明确中国铝资源可持续发展的方向，提出相应的对策建议。另外，在原铝需求和再生铝供应量预测时，也借鉴了发达国家的相关比例数据。

本书的研究思路是：中国铝工业在快速发展的这几十年中出现了很多问题，如资源质量差、进口来源地集中度高、铝土矿对外依存度高，技术水平低造成浪费严重、生态环境破坏和污染问题，等等。本书试图运用目前国际上对于资源管理采用的广泛和有效的方法——物质流分析，从铝工业的开端——生产阶段开始进行其代谢模拟，并做供需分析；在此基础上测算中国近 20 年来铝资源的供给结构和安全保障度；运用逼近理想解排序法（TOPSIS 法）对铝资源的可持续保障状况做出评价，运用耦合协调度模型对中国铝工业子系统与经济社会子系统 20 多年来各自的综合发展情况以及它们的耦合协调发展情况做出评价；同时借鉴典型发达国家可再生资源及铝金属循环利用的实践经验，结合国内再生铝工业的发展现状，对中国铝资源循环利用的具备条件和潜力进行分析，最终从保障铝资源可持续供应的角度出发提出相应的对策建议。本书的技术路线如图 1-4 所示。

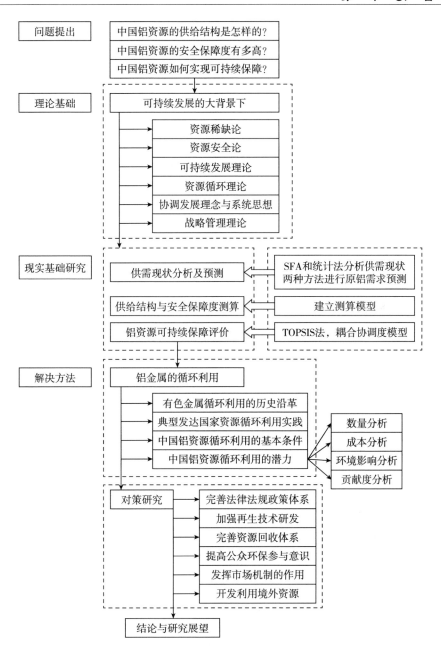

图1-4 本书的技术路线

四、完成的主要工作量与创新点

环境保护、防止生态破坏是当前国际形势下的热点话题，国际组织、各国政府及相关的无政府组织都致力于在发展经济的同时，协调环境和生态的发展，争取走上可持续发展的道路。本书顺应生态文明和可持续发展的大趋势，首先，运用物质流分析法模拟中国铝元素从矿石开采、氧化铝生产到原生铝电解各环节的代谢过程，并在对供给（原生铝、二次铝和贸易补偿）和消费状况进行定量分析的基础上，结合原铝需求预测，发现表面上供需缺口并不是很大，但是高端铝产品进口量大，中低端铝产品出口量大，铝土矿和铝废料的进口量很大，铝资源供给可能存在不确定、不安全、不可持续的状态。进而建立中国铝资源供给结构和安全保障度的计算模型，动态地测算了 1996~2016 年来中国铝资源的供给结构和安全保障度。其次，建立了中国铝资源可持续保障状况评价指标矩阵，评价了其中 5 年的可持续保障状况，确定中国铝资源供给存在不安全和不可持续的状态。国内的铝资源储量在相当长一段时期内是相对确定的，并且铝土矿资源禀赋较差，供应能力疲软，所以进口依存度保持在 50% 以上的水平，但是国际关系日益复杂，进口的不确定性非常大。那么未来中国铝资源的可持续供应目前只能依靠开发二次资源循环来保障。最后，研究了全球和典型发达国家可再生资源及铝金属的循环利用概况，以及中国再生铝行业的发展现状，测算了中国铝资源循环利用的潜力，即再生铝的未来供应量，以及其对保障程度的贡献度，对进口成本节约和环境影响也做了分析并提出法律政策、行业管理及实践方面相应的对策建议，以期优化中国铝资源的供给结构，保障其可持续性供应。

本书的创新点主要有以下四个方面：

（1）将中国铝资源的供给解剖开来进行结构性研究。这样不仅能够得到铝供给量，还能明确铝供给的内部结构。供给结构可以真实反映资源利用的现状和所存在的问题。

（2）将资源的安全保障度界定为国内资源的自给自足程度，并构建安全保障度的计算方程式，动态测算了我国 1996~2016 年来铝资源的安全保障度。它的发展趋势是从基本保障快速沦落到短缺的状态，主要原因是用来生产铝锭的原材料（铝土矿和铝废料）的进口量比较大。

（3）在对中国铝资源进行可持续保障状况评价时，本书不仅关注铝工业内部各种含铝物质的生产、消费、贸易与回收情况，采用逼近理想解排序法对相关数据建立指标矩阵，进行处理、计算和解释分析；并且关注铝工业与其他各领域的关联和协调发展水平，从而在政策制定时更加注重整体性和可持续发展的全面性。

（4）定量分析再生铝在节约成本和保护环境方面的贡献，尤其是对安全保障度的贡献程度，而不仅是简单测算了未来 15 年中国的再生铝供应量。再生铝能够使中国铝资源的安全保障度提高 10% 以上，甚至是 20%，使其又恢复到基本保障的状态。

第二章　理论基础及研究边界

本书通过对中国铝资源的禀赋、开采、生产、加工、消费、贸易等统计数据进行定量分析后，得到的定性结果是中国的铝资源处于短缺状态，无法保证铝金属的可持续供应，由此引出铝资源的循环利用。所涉及的理论主要有资源稀缺论、资源安全论、可持续发展理论、资源循环理论、协调发展理念与系统思想和战略管理理论。

一、资源稀缺论

随着人口的爆炸性增长和生产力的迅猛增加，自然界中的各种资源也变得越来越稀缺，越来越珍贵，资源短缺所暴露出来的问题也日益被提上国际日程。早在经济学建立的初期，西方的古典经济学家就认识到了这个严峻的问题，在当时还不是那么发达的经济社会条件下，有远见的经济学家就预见到了资源的稀缺对经济的发展和人类社会的繁荣具有强有力的限制作用。在不久的未来，不仅仅是普通的自然资源会变得稀缺，人类所赖以生存的自然环境也会变得很稀缺。这些现实存在的问题以及衍生出来的资源分配和利用问题是循环经济理论、生态文明建设、可持续发展理论研究的出发点和实践依据。

亚当·斯密是最早对经济问题做出系统而深入研究的著名经济学家，他的《国富论》（1776）是一部经典的著作，很多闪光的思想都在其中有所体现。他首先描述的是一个假设的美好的田园时代：所有存在的事物都处于最初的原始的状态，没有资本主义时代的土地占有和资本积累。他认为，市场中的商品价格能够完全反映资源的相对稀缺性，人口增长与国民财富的增长也是相互促进，相辅相成的。但是一国经济的发展水平和国民财富的增长速度，会给人口的增长速度规定一个最高的限度（亚当·斯密，1972）。在亚当·斯密当时所生活的那个"黄金时代"，土地是可以自由使用的，人们就会为了自身的利益不断耕地，使可利用的耕地面积越来越大，人口也在不断增加，那么国民产出也处在加速增长状态。那个时代，既没有买土地的资金，也没有资本投入的利息，人们所赚取的钱就是全部的收入，土地就是经济增长的动力。所以随着土地面积的扩大，亚当·斯密对经济增长的前景持一种非常乐观的态度，认为资源的稀缺问题不会给经济增长带来绝对约束，但是由于产出的增长与人口的增加将会长期伴随进行，因此人均实际工资或者收入也将会长期不变。

另一个深入讨论相关问题的著名经济学家就是马尔萨斯，在其著作《人口论》（1798）中非常有见地地论述了人口、资源、经济和社会发展之间的相互促进又相互阻碍的复杂关系。他认为，人口的增长呈加速甚至是爆炸性增长之势，实际上也是以几何级数进行的，而自然资源等各种生活所需资料随着时间的流逝，增长速度是非常缓慢的，可以说其数量在一段时期内是一定的。从静态来看，自然资源缓慢增长与人口快速增长的相对矛盾还不是那么突出，甚至察觉不到；但是从动态来看，"人口增长有超过自然资源等生活资料增长的趋势"（马尔萨斯，1961）。他认为，亚当·斯密所描绘的黄金时代只能在历史上停留一定的时间，不可能长期或者永远这样持续下去。因为人口的增加是以几何级数进行的，速度是前所未有的快，随之而来的就是地球上凡是可以开发利用的土地都将被占用和开发。越是在后面增加的人口，就可能已经没有多余的土地供他们耕作，也就没有了生活和收入的保障，进而土地、劳动力和产出的平衡增长就将不复存在，"黄金时代"面临崩塌。新增加的劳动力不能没有自己的土地，他们就会要求和之前的劳动力平分有限的土地，使已开发的土地上挤满了耕作的劳动力，土地这种资源开始了意想不到的稀缺，那么租金开始逐步涨价，土地也按照不同用途逐步自动完成了分配。人口还在继续增加，产出也在不断增长，但是增长速度却远远慢于人口，面积既定的耕地变得比之前还要拥挤，这时每个劳动力获得的平均耕地面积也会随之大大减少，经济学上的收益递减规律开始逐渐发挥作用。随着时间，劳动力相对于土地的比例不断提高（即人均耕地面积继续减少），则每个劳动力的边际产出开始逐步减少，随之而来的是每个劳动力的实际工资率的下降。最终，这种情况持续下去会出现程度更坏的状态。马尔萨斯认为，人口快速增长的压力会使普通劳工大众们的经济状况持续恶化，以至于仅能维持生存的这种最低生活水平，工人阶级命里注定要过一种野蛮的、肮脏的、短命的生活。如果不能正确面对、了解和认识经济、资源、人口以及整个社会发展之间错综复杂的关系，并且将其处理好，那么人类就将面临自我设置的并在不久的将来现实存在的"生存困境"（刘炜，2009）。

19世纪出现了以李嘉图为首的一批经济学家，所提出的资源相对稀缺论，从经济学的角度出发更具有现实意义，更符合实际现状。在其著作《政治经济学及赋税原理》（1817）中，他强烈指出，自然界中的各种资源不存在均质性，都是异质的。其中矿产资源的质量参差不齐，质量较好、品位较高的资源，其开采成本较低，而品位较低的则开采成本高。矿产资源是在漫长的地质变化过程中形成的，储量是非常有限的，浅矿、富矿及易开采的矿产数量更是很少。那些品位较低的或者是难以开采利用的矿产资源，随着科技的不断发展进步，它们也能够得到比较经济划算的开采利用，这样对于矿产资源的开发和利用来说，就不存在绝对的极限。李嘉图向世人所要强调的是，多种自然资源尤其是品位较高的矿产资源的数量是相对稀缺的，但是这种资源的稀缺性并不会对经济增长和发展构成不可逾越的制约（梁凯，2005）。他同时以一种通俗的方式（以土地自然肥力的差别为例）提出了一种思想观点：人口的加速增长对生产生活资料，特别是基础性的农产品及其原料的需求将会大幅度增加，然而现存土地的面积及土地的肥力质量却是非常有限的。以此类推，伴随着生活质量的提高，人类社会对生活资料的需求仍会不断增加，那么人们将别无他法，只能尝试着去耕种自然禀赋较差的土地，并为了单位产量的增加而获得更多粮食，就在有限的土地上不断追加投资（水、肥料、农药、人力等），最后该区域土地只能会出现边际报酬递减的现象（刁巍杨，2013）。

19世纪还有另外一位著名经济学家约翰·穆勒，他在其著作《政治经济学原理》（1848）中，将资源相对稀缺的思想扩展到更加广义的环境，提出一种新的思想：静态经济。穆勒认同马尔萨斯的人口假设，也认为人口是以几何级数增长的，且增加能力是无限的，这样经济增长的阻力将不会是因为劳动力不足；穆勒接受资源绝对稀缺的理念，认为地球上土地的数量和质量都是有限的，土地生产力当然也是有限的，生产生活极限是真实存在的，不是凭空虚构出来的，这种物质资料的绝对稀缺效应在真正的极限到来之前就会表现出来，生产生活将会受到严重制约；但与此同时，穆勒也否定马尔萨斯的资源绝对稀缺，并且这种状况不会随着科技进步而有所变化的观点（刁巍杨，2013）。穆勒认为，自然资源确实存在着数量的绝对极限，但是现代社会发展与科技进步和革新会拓展这个极限，并且可以在一定程度上延伸这个极限，所以人口、财富和自然资源均处在一个平衡的位置上，将会长期保持在一个稳定且相对静止的水平上，而且这一水平与资源绝对稀缺的极限水平是没有太大关系的，从而会对防止某些现象（如食物的缺乏和自然美的大量消失等）起到作用。"静态经济"思想第一次描述了为子孙后代着想的经济发展模式（梁凯，2005），为之后的可持续发展理论奠定了思想基础。

二、资源安全论

随着全球经济的快速发展，社会各方面事业也加快了进步的步伐，国际社会间的接触也越来越多，那么就会产生各方面的摩擦，其中最重要的就是资源方面的摩擦，所以资源安全问题对一个国家来说就显得日益重要。

资源安全的概念产生于20世纪90年代末。所谓资源安全，是指一个国家或地区能够足量、及时、稳定、经济地和可持续地获取生产生活所需的自然资源的能力（谷树忠，2002）。资源安全概念包含以下5种基本含义：①数量含义，指的是各类资源的数量要充裕，不但有总量的充裕，还要有人均量的充裕，而且充裕的人均量更具有现实意义。②质量含义，即自然资源的品质要有保证，最低质量概念（Minimum Standard，MS）在此基础上产生，如相对比较熟悉的最低生活用水质量。③均衡含义，包括地区与人群这两个方面的均衡。资源的非遍布同质性，也就是资源地域分布的不均衡性，导致资源供给的成本和时间也呈现出不同程度的不均衡性的增加，这是资源产生安全问题的一个原因；另外，人群中客观存在着阶层，尤其是收入阶层，这会导致对于资源的经济支付能力存在差异，也是影响资源供给安全的另一个重要因素。因此尽可能最大限度地实现资源供给的地区与人群均衡是保证资源安全的一项重要目标。④结构含义，要求的是资源多样性的供给结构。众所周知，多样性的供给结构需要多样性的资源供给渠道，这样才能保障资源供给稳定性，所以为了保证自然资源稳定的供给，必须要发展良好的资源贸易伙伴关系，尤其是要注意建立资源共同体，实现资源共享。⑤经济含义，即一个国家或地区能够以较低的价格和较小的经济代价从市场上，尤其是国际市场上获取所需的自然资源的能力，这一含义在现阶段非战争的常态下是非常重要的。理论上来说，任何国家或地区都能够从市场上获取其所需的各类资源

（包括原材料、半成品和成品），不同的是它们将要付出的经济代价是有差异的，而资源安全是以最低的经济代价获取所需资源为追求目标的。

传统意义上所表达的安全主要是一个国家所面临的军事威胁或者是危害国家安全的一些军事因素，而现如今涌现出了很多的非传统安全。所谓非传统安全，是相对于国际政治、军事及外交等方面的冲突和危机所引发的安全问题或不安全状况而言的，指的是一个国家或地区的经济、社会、环境、资源、公共卫生、生态等各方面的安全状况，其中资源安全是非常重要的一环，不仅关系到一个国家、一个地区甚至是一个民族当前的生存和发展，还严重影响了子孙后代的可持续发展。从现如今的国际形势来看，国家之间的矛盾和摩擦升级、自然资源逐渐变得稀缺和至关重要、环境破坏严重、生态不能恢复、普通老百姓对一些事物的价值观念的变化等，都使非传统安全问题变得越来越重要，得到了社会各界的高度关注和重视。关注的问题主要有石油、天然气等能源及其全球范围内的运输通道安全问题、耕地资源及粮食安全问题、水资源分布不均衡的供应安全问题、全球合作减少环境破坏并适当修复生态环境等。而很多相关的组织机构对于这些方面的研究、呼吁、会议、决策甚至是具体行动也是层出不穷的，很多国家都纷纷制定了旨在保障本国资源安全特别是能源安全、粮食安全和生态安全的相关战略。

国际上有许多专门性研究组织、政府机构或非政府机构在进行资源、环境方面的研究和管理，其工作所涉及的重点问题是资源安全问题。较为知名的机构有美国的"未来资源研究所"（Resources for the Future，RFF）、"战略和国际研究中心"（Center for Strategic & International Study）、"环境安全研究中心"（Center for Environmental Security）、"环境资源管理中心"（Center for Environmental Resource Management）、"世界观察研究所"（The World Watch）、"美国地质调查局"（USGS），设在日本的瞄准亚太地区的安全、经济、政治和环境等热点问题的"国际政策研究所"（Institute for International Policy Studies）。国际性组织有联合国环境规划署（UNEP）、国际能源组织（IEA）、世界能源理事会（WEC）等。

其实，西方资本主义发达国家为了能够持续强劲地发展下去，很早就注意到了资源问题，尤其是第一次石油危机爆发后，更是对资源安全有着更加深刻的体会，于是很多国家尤其是发达国家就努力通过内政和外交来确保石油、天然气等能源资源的安全，因为能源可以说是经济和国防的生命线。与此同时，水资源、粮食和生态环境的安全问题也吸引着全球的目光。对这些重要资源的认识和研究如何保证其安全，不同的研究机构所采用的方式和所关注的重点领域都相去甚远，这是由于资源本身就有很大的差异性，研究者的出发点也不尽相同。但是对于矿产资源来说，则更多地从矿产资源耗用速度的控制方面加以考虑，并试图建立起矿产资源最优耗用模型和管制手段。

在中国，矿产资源更是见证了工业化的发展和壮大，见证了中国从贫穷落后到国民生产总值全球第二的奇迹。中华人民共和国建立初期，矿产资源是宝藏，不仅打破了西方敌对势力对新中国的封锁，而且保证了国家的正常运行和工业化的发展。事实上，矿产资源产业至少在未来50年内仍然是我国国民经济的支柱产业（从2018年算起，仍然还有30年时间），继续产生支撑其他经济部门增长的"乘数效应"，特别是在我国实施全面建设小康社会进程中，继续承担着重要的和基础的任务（王家枢，2000）。然而，我国过去经济社会的快速发展是以"透支"矿产资源为代价的（中国工程院咨询项目课题组，2006），这是西方发达资本主义国家工业化时期走过的路。从20世纪90年代开始，中国的矿产资源产业不断面临着供不应求的问题。但是国内经济还在高速发展，矿产资源消费量不断加大，导致供需缺口不得不日益增大，只能大量进口国外的矿石和成品，或者通过各种手段增加国内产能，这才基本上满足了国内经济快速发展的需求。然而，大量进口国外的矿石和产品，在短期内能够弥补短缺矿产的弊端，却不是一种长效的方法，而且也会使进口用汇过大、形成对国外资源的依赖习惯等，这种依赖一旦越过某个度，就会对我国的经济和政治造成严重影响，使我国处于竞争劣势。2002年我国进口氧化铝426万吨，几乎占世界现货贸易量的80%，国际市场有任何风吹草动，都将严重影响国内经济发展。而扩大国内矿山产能逐步受到了越来越强的制约，我国的资源禀赋较差，属于经济开采的资源基本上都开采完毕了，剩下的就是开发成本很高，或者是资源性短缺，所以继续扩大国内矿山产能是不切实际的。因此，必须迅速实施矿产资源"走出去"战略，到国外资源条件和投资条件良好的地区勘查开发矿产资源，争取早日形成一定规模的海外矿产产能，以缓解并争取解决我国部分大宗矿产严重的短缺局面，并最终建立我国稳定、安全、多元、经济的全球矿产资源供应体系（沈镭，2002）。

中国，一个发展中大国，全球人口数量最多、经济快速且持续发展、多种自然资源已经短缺甚至匮乏、生态环境为发展经济让步并做出巨大牺牲。在全面建设小康社会的道路上，各方面的问题都凸显出来，其中资源的安全保障问题显得更为重要。为全面落实科学发展观、建设和谐社会，极有必要在重新审视资源开发、利用和保护策略的基础上，构建全新的、科学的、开放的、稳定的国家资源安全保障体系（谷树忠，2010）。

三、可持续发展理论

（一）可持续发展的历史沿革和本质

可持续发展归根结底是一种和谐的发展（主要是人与所处的自然环境的和谐），这种发展指的是既满足当代人的需要，又不对后代人满足其需要的能力构成危害的发展。可持续发展思想的逐步形成及理论的构建经历了几十年的历史过程。20世纪五六十年代，西方资本主义发达国家的民众在经济增长、人口剧增、城市化率提高、自然资源日益短缺、生态环境逐渐恶化等所形成的强大压力下，对当时的经济增长模式产生怀疑并展开激烈讨论，强烈表达了对现实及未来人类生存环境的担忧，这可以说是可持续发展思想萌芽的开端。

在促进可持续发展思想形成的过程中，可以称得上是里程碑的事件中，蕾切尔·卡逊（Rachel Carson），一位美国女海洋生物学家，她的名字是值得永远铭记的。20世纪中期，她推出了一本著作——《寂静的春天》（蕾切尔·卡逊，2015），主要论述杀虫剂，尤其是DDT（双对氯苯基三氯乙烷）对鸟类生存和生态环境带来的毁灭性危害。由于利益的冲突，这本书的出版不仅没有给她带来荣誉，反而使她受到了诋毁甚至攻击。但是这本书却唤起了普通民众的意识，书中所论述的关于生态环境的相关观点，被社会大众广泛接受并大力推崇，环境问题逐渐走进人们的视野，并开始走向国际政治、经济议程的中心。1972年，英国经济学家巴巴拉·沃德（Barbara Ward）和美国微生物学家雷内·杜博斯（Rene Dubos）的共同著作《只有一个地球》问世，顿时享誉全球，成为联合国人类环境会议的背景材料，同时把对人类生存所处的生态环境和促进人类进步的经济发展模式的认识进一步推向一个新的境界——可持续性的发展。同年，罗马俱乐部——一个非正式的但却全球著名的学术团体，发表了一篇研究报告《增长的极限》（*The Limits to Growth*）。这篇报告对世人具有极大的冲击力和震撼力，因为书中明确表示"人类征服自然"的后果只能是使人与自然长期处于尖锐的矛盾中，人类将会不断受到自然的各种报复，从而走上一条不能持续发展的道路，进而提出合理的持续的均衡发展才是应该采取的经济发展模式。这种惊世骇俗的思想在当时却遭到了西方发达国家的无视与强烈谴责。但是，石油危机爆发，环境恶化加剧，不仅影响经济，还严重影响人们的身心健康。普通民众这才逐渐认识到人类在大自然面前是多么渺小，只顾经济增长，给环境带来的危害是毁灭性的，给地球和人类社会也会带来毁灭性的灾难。这种危机感使人类逐渐有意识地将经济、社会、环境、资源协调来谋求发展，此时可持续发展的思想生根发芽，得到很多有识之士的强力支持，在80年代才逐步形成。

1983年11月，联合国开始采取行动，成立了世界环境与发展委员会（WECD），来研究和管理全球环境问题。在1987年，以布伦特兰夫人（挪威前首相）为首的WECD成员们，把受联合国委托并经过4年不懈努力的研究和实践论证的报告——《我们共同的未来》（*Our Common Future*）提交至联合国大会，供各国领导人知悉。报告中正式提出了"可持续发展"（Sustainable Development）的概念和模式（WECD，1987），并在此基础上全面论述了整个人类而不仅是某些国家共同关心的经济社会发展与生态环境破坏问题，世界各国政府都非常重视这个报告中的内容，舆论也非常支持该思想。进而在 1992 年举办的联合国环境与发展大会上，可谓是收获颇丰，与会者对可持续发展的要领表达了认可并达成了共识，通过了《里约环境与发展宣言》和《21 世纪议程》，并签署了《气候变化框架公约》。1997 年 12 月，《京都议定书》也顺利通过，该全球性协议限制发达国家温室气体排放量，以期抑制全球变暖。

"可持续发展"一词最早出现于 1980 年面世的《世界自然保护大纲——可持续发展的生命资源保护》，这个报告是由国际自然保护同盟（International Union for Conservation of Nature，IUCN）制定的。该概念最早来源于生态学，是指对资源、环境的一种管理战略（IUCN，1980），之后此词语广泛应用于社会学和经济学范畴，并被加入了一些新的含义，使它的内涵更加丰富多样，是一个涉及经济、社会、技术、文化、自然资源和生态环境等方方面面的动态的综合的概念，最终形成一套完整的并且可以实践的基础理论。中国在 20 世纪末制定了可持续发展战略，并确定保护环境和节约资源为基本国策，每一年的两会对这个话题的关注度都非常高，在政府工作报告中也都占据较大的篇幅，并且重要性日益提高，相关的法律法规、方针政策也在不断健全。社会公众也越来越关注资源、环境方面的问题，并且为了子孙后代，愿意为建设一个青山绿水的、能够永续发展下去的美好的生存环境而努力奋斗。

可持续发展理论能够得到世界人民的一致认同，因为它的全面而丰富的内涵，更因为其内涵所包含的本质内容（刘炜，2009）：

（1）可持续发展本质上并没有否定经济增长，特别是相对贫穷的发展中国家的经济增长，但是经济增长的方式需要重新被审视。经济增长方式和目的需要转变，而可持续发展思想与其相适应。它所倡导和鼓励的增长是适度的、合理的，尤其要注重质量的提高，增长的前提是无损于生态环境，增长的特征是可持续和可永续发展，增长的目的是改善人民生活水平，提高生活质量（包括生存环境）。它反对以经济增长的名义追求最大利润或利益，也反对经济增长过程中对资源的掠夺性开发和造成的贫富悬殊。因此，各国政府以及普通民众必须充分认识到，传统经济增长模式体现的单纯追求产值所带来的严重弊端，要通过相关手段：技术进步、资源替代、制度创新和结构变革等，使宝贵、有限且逐渐稀缺的资源得到有效、合理、公平、循环、综合的利用，从而能够将传统的经济增长模式逐步转化为利国利民利后代的可持续增长模式。

（2）可持续发展要求体现效率与公平的高度统一。效率指的是可用资源的高效利用和有效配置，体现了可持续发展的本质要求。有限的资源在经济增长和发展过程中必须要得到优化配置和最合理的利用，坚决杜绝浪费。公平主要指人类（同代人和子孙后代）在资源问题上的机会是均等的，无论是分配资源、获取收入、积累财富等方面。可持续发展不仅要求给全球的同代人公平发展的机会，使发展中国家能够公平合理地利用地球资源，改变发达国家在利用地球资源上的优势，以达到他们的经济快速增长的目的。还要求在本国范围内给予人民公平全面地参与政治、经济和社会生活等各项事务的权利；积极创造制度和相关的政策条件，使人们在市场竞争中处于公平的地位；巧妙运用经济政策尤其是税收政策来消除较大的贫富悬殊。同时，每个人都应该认识到支撑人类生存的各种资源都是有限的，有些已经变得稀缺，一代人应该要自觉考虑到自然资源的代际公平分配，不能一味为了自己本代人的发展和需求而损害子孙后代利用资源和享受良好的生态环境的固有权利，因此每代人都要担负起代际间的伦理责任，实现代际间合理分配资源和占有财富，使子孙后代能更好地生活。至于效率和公平的相互关系，可持续发展同时兼顾这两方面：一方面提高效率和生产力，从而能够给公平分配资源和实行收入再分配提供坚实的基础；另一方面均等且公平的发展机会也必然会导致人们高涨的生产积极性，从而能够增加效率。因此，可持续发展的重要特征是效率和公平两者的高度统一。

（3）可持续发展是以可利用的资源为前提，并且与环境的承载能力相协调。因此，要实现可持续发展，就要不断创新和引导资源综合利用技术的变革，结合资源保育原理，持续增强资源的再生能力，使再生资源逐渐替代非再生资源，成为资源利用的主体，并通过制定行之有效的引导政策和运用相关的经济手段，逐步限制不可再生资源的利用，鼓励再生资源的循环利用，使资源利用趋于合理化、高效化。经济发展的同时不能以牺牲环境为代价，必须要保护环境，通过改变不适当的生产和消费方式等来控制污染，改善生存环境的质量，与此同时要不遗余力保持地球生态的完整性，保护人类赖以生存的生命保障系统，使人类的各项活动保持在地球能够承载的能力范围之内。否则，环境退化会构成人类向前发展的严重障碍，修复的成本也将非常巨大，人类有可能承受不起。

（4）可持续发展的目标是提高人类的生活质量，与社会的进步步伐相适应，实现人的全面发展是其终极目的。可持续发展不仅要求经济快速稳定发展所带来的贫困、收入不均、失业等社会经济结构的大幅度改善，而且意味着人们拥有全面参与社会政治生活与经济生活的权利、大幅度扩展的个人自由与选择权以及人与自然的和谐相处。

（5）可持续发展是一个综合性的概念，涉及社会、经济、文化、资源、环境及技术等方面。在分析和实行可持续发展战略时，不能把社会、经济、文化、技术因素和资源、生态环境因素割裂开来，因为确保长期经济活动和经济结构及其变化的社会、文化与生态等定性因素同确保物质资料增长的资源等定量因素是不可分割的且相互发生作用。与此同时，可持续发展又是一个动态概念，它并不要求某一种经济活动状态能够永远运行下去，而是要求系统内部不断地与外部进行交流，并实现内部和外部的双重变革。面对一定幅度的经济波动，系统会为了达到稳定持续发展的目标而寻求最合适的发展速度。

（二）可持续的资源管理

资源是各方面发展的基础和保障，为了最终实现可持续发展的目标，可持续的理念越来越多地应用于资源管理方面，尤其是废料管理和再生资源的循环利用。可持续的资源管理是一种较为系统的管理方法（Chen Pi-Cheng，2017），能够在资源的整个生命周期中实现有效的使用和重复利用，获得更好的环境和资源效益，其目标是以环境友好的方式实现有效的资源利用。这个理念扩充了废弃物和回收管理的概念，包含了生命周期各个阶段（开采、精炼、制造、装配、使用等）有效率利用资源的行动，这就是可以利用较少的资源消耗产生更多产品和服务的原因。

目前在资源日益短缺、生态文明建设和可持续发展的大背景下，资源管理是管理学研究中的热门话题，针对不可再生的矿产资源的废料管理和循环利用研究更是关注的重点。矿产资源虽然相对于人类历史来说是不可再生的，但却拥有良好的循环利用的特性，在一定技术条件下甚至可以不用降级循环，在理论上能够进行多次循环。各国的资源循环实践有一定的共通之处：建立废旧物资回收体系、建立再生资源工业园区、实行生产者责任延伸制度、加大资源循环技术研发力度、颁布相关政策鼓励居民树立节约与"变废为宝"的生活观念等做法都为资源循环做出了贡献，以期获得资源的可持续供给。

"垃圾分类"是我国在可持续的资源管理上迈出的一大步。2019 年 6 月 25 日，《固体废物污染环境防治法》修订草案初次提请全国人大常委会审议。草案对"生活垃圾污染环境的防治"进行了专章规定。2019 年 9 月，为深入贯彻落实习近平总书记关于垃圾分类工作的重要指示精神，推动全国公共机构做好生活垃圾分类工作，发挥率先示范作用，国家机关事务管理局印发通知，公布《公共机构生活垃圾分类工作评价参考标准》，并就进一步推进有关工作提出要求。自此之后，全国各省市都在积极落实垃圾分类工作，全面启动生活垃圾分类工作，为生活垃圾分类覆盖率、回收利用率制定目标。其中，北京、上海、杭州、广州等城市在多年以前就开始了生活垃圾分类工作，在此基础上制定了更加严格有效的生活垃圾管理条例。

进行垃圾分类可以有效减少垃圾处理量和处理设备，降低处理成本，减少土地资源的消耗，具有社会、经济、生态等多方面的效益。全国生活垃圾分类工作全面实施一年多以来，却未见明显成效，尽管小区门口放了不同颜色的垃圾桶，也张贴了各种垃圾分类倡议和指导手册，但许多人不知如何进行分类投放，不知道什么是可回收的垃圾，仍然是各种垃圾混杂，甚至出现居民先分类，垃圾清运员后混合运输的普遍现象，严重挫伤居民分类的积极性。90%以上可以利用的废弃物，仍然是被填埋或焚烧掉，很多地方都相继出现了生活区域被垃圾围困的态势，且进一步扩大了大气污染的范围，增强了大气污染的浓度，有害物质或进入土壤和地下水源，或扩散到空气中。同时很多地区只是为了响应号召，根本没有做好规划，没有完整的收购、运输、销售、加工、成品市场等组织的再利用产业体系的支持，垃圾分类无法产生经济效益，只能是劳民伤财的空忙。

垃圾分类工作能够有效提高资源循环的效率，使多种资源不需要通过降级就能循环使用，这对于不可再生的金属资源来说具有深远意义，金属资源最大限度的可持续利用才有了可能性。虽然目前的垃圾分类工作并不尽如人意，但是也应该看到垃圾分类在我国很多地区还是个新生事物，还需要一些时间去引导、宣传、教育居民树立垃圾分类的环保意识、学会正确进行分类投放，使居民逐渐成为自觉和习惯性行为。同时，政府也需要一定时间做好规划，理顺整个产业链条，打通每个产业环节，最终形成完整的分类、运输、收购、销售、加工、成品市场等再利用产业体系，使垃圾分类工作不仅是因为居民的环保素质提高而得到重视，并且也是能产生经济效益的一项有益工作。后期还需要引入价格和服务的竞争机制，以此提高相关企业及从业者的服务质量和垃圾的回收率。因此，我国的垃圾分类工作任重道远，还需要投入大量人力、物力、财力和精力，其产生的效果也将在未来才能显现出来。但是全国垃圾分类工作已经在逐步实施，居民也相对比较了解、认可和支持这项工作，系统的物资回收体系和再生工业园区也具雏形，我国的资源管理尤其是可以循环利用的废弃物资源也在向着环境友好的、可持续的方向发展。

四、资源循环理论

（一）资源循环概念

资源循环是指人类为了生产生活而在利用自然资源尤其是不可再生的矿产资源的过程中所产生的产物（并不能单纯地认为是废物），在技术达到一定条件下，这些产物能够而且应该作为资源再次甚至是多次被加以利用。如此不断循环，就可以更大限度地减少自然资源的损耗和环境的破坏以及生态退化（邱定蕃，2002）。以前的人们还没有认识到很多自然资源可以循环利用，往往将被利用之后的资源或者是一些产物称为"废物"，直接丢弃、填埋、焚烧，有毒有害物质又重新进入自然界当中，不仅浪费，而且打破生态平衡。事实逐渐证明，这些"废物"也是资源的源头，科学技术能够使其"变废为宝"。如果目前这些所谓的"废物"还不能被再次甚至多次利用，那么这只能说明现阶段的科学技术还需要不断向前发展，以便达到更高的层次。例如，一百年之前，人们只能够开采利用品质很好的金属矿产资源，而如今借用较先进的技术完全可以处理并批量利用品位很低的金属矿石，因此"废物"的循环利用，重新成为可用资源只是时间问题，这是物质守恒定律的完美诠释。自然科学中的物质守恒定律认为自然界中的物质都是客观存在的，不能被重新创造，也不能被消灭，宇宙万物的总量始终保持不变。公元前 5 世纪，希腊的哲学家们就提出了这种物质不增、不减、不灭原理，并且这种思想被 17、18 世纪的许多崇尚唯物论的哲学家所采纳和推崇。1756 年，俄国著名化学家罗蒙诺索夫进行了一次化学实验，进而验证了这个原理。他在密封容器中放入铅、铁、铜等金属进行煅烧并观察，发现煅烧前后容器中物质的重量没有变化，进而得出实验结论：参与化学反应的物质总量在反应前后都是相同的，即物质守恒定律。"现代化学之父"、法国著名化学家拉瓦锡通过大量的定量试验也给予了证明，这为哲学上物质不灭原理奠定了坚实的自然科学基础（张文彦，1992），同时也为目前资源的循环利用提供了理论基础和实践基础。

（二）资源循环利用

顾名思义，资源循环利用就是把全社会生产生活中已经使用过的物品、剩下的边角料以及"废弃物"作为一种特殊资源，经过相应的技术处理重新服务于人类的生产生活（邱定蕃等，2006）。既然资源循环能够带来无限的可能，那么人类就必须有意识地逐渐去采取这种利用资源的方式，尽最大可能做到经济、社会与生态环境的平衡。从人类社会形成起的漫长的时间里，人类就一直没有真正认识到资源的循环利用是自然界必须遵循的一个法则。工业化革命之前，地球上人口数量少、产品还都是手工制作、消费能力低，那时候可以从自然界任意索取自然资源，也可以将废弃物随意丢弃。而自然界其实是有强大的自净化功能的，因此在漫长的历史长河中，生态环境仍然没有恶化，保持着良好的状态。但是工业革命彻底改变了这一切，人口激增、机器制造，消费需求越来越夸张，随之而来的是自然资源的快速消耗，大量的废弃物随意地排向地球，资源短缺和环境污染问题越来越严重，成为人类社会可持续发展的主要障碍，威胁到了人类的生存。

此时人类才意识到一味地追求经济增长而牺牲资源和环境是一条死路，是不可能长久持续发展下去的，地球迟早会崩溃的。目前的弥补方法是：节约使用资源，尽可能少地向自然界索取资源，并且将使用完毕的所谓的"废弃物"借助于先进的技术，使其作为二次资源或多次资源重复利用，这样才有可能使人类社会走上持续发展的道路。研究这些"废弃物"如何重新服务于人类，就是资源循环利用的根本任务，也是可持续发展的基本国策运用到资源领域的具体体现（邱定蕃等，2006）。因此中国必须遵循资源可以循环利用的自然法则，并且要配合具体的实践活动，首先就是要研究各种资源循环利用的具体办法，除技术的革新方面外，还有相关法律、政策方针的制定，管理上的各部门间的协调，等等；其次就是不断进行试点工作，不断调整实施策略，在全国范围内大力推广，形成常规工作；最后研究机构、专家学者继续寻找新的技术上的突破口，进行新一轮的工作循环。

五、协调发展理念与系统思想

党的十九大报告指出，我国经济已经由高速增长阶段转向高质量发展阶段。高质量发展是能够很好满足人民日益增长的美好生活需要的发展，是体现新发展理念的发展，是创新成为第一动力、协调成为内生特点、绿色成为普遍形态、开放成为必由之路、共享成为根本目的的发展。因此，以创新、协调、绿色、开放、共享为核心的新发展理念成为指导我国在经济新常态背景下发展各项事业的指挥棒与红绿灯。新发展理念中的协调发展理念要求正确处理发展中的重大关系，不仅要促进区域协调发展，还要协调和平衡经济、社会、文化、生态等各项事业的发展，弥补木桶短板，加强薄弱领域，增强发展后劲，不断增强发展整体性。因此高质量发展不仅体现在某个领域的高质量，社会各领域的高质量，更体现在社会各领域发展的内在协调性方面。社会各项事业相互促进，才能获得社会的整体提升，高质量发展也才能真正落到实地。

系统论是研究系统的一般模式、结构和规律的学问，它研究各种系统的共同特征，用数学方法定量地描述其功能，寻求并确立适用于一切系统的原理、原则和数学模型，是具有逻辑和数学性质的一门科学。系统论的核心思想是系统的整体观念：任何系统都是一个有机的整体，它不是各个部分的机械组合或简单相加，系统的整体功能是各要素在孤立状态下所没有的性质。系统论的基本方法就是把所研究和处理的对象，当作一个系统，分析系统的结构和功能，研究系统、要素、环境三者的相互关系和变动的规律性。研究系统的目的在于调整系统结构、协调各要素关系，使系统达到优化的目标。同时，以系统论为基础的系统分析方法，反映了现代社会生活的复杂性，为现代复杂问题提供了有效的思维方式，得到了广泛的应用。可持续发展是一项系统性的工程，既要满足当代人的需要，又不对后代人满足其需要的能力构成危害。

我国铝工业的可持续发展是一个复杂的大系统，整个经济社会的可持续发展将是一个更复杂的大系统。中国铝资源的可持续保障意味着中国铝资源供给在可预见的时期内能够满足我国社会生产生活的基本需求，也意味着中国铝工业的发展不是在真空中独自发展的，而是与经济社会各项事业存在千丝万缕的联系。铝工业发展好坏影响经济社会各项事业，经济社会各项事业也影响铝工业的生产、消费、贸易以及循环利用的程度。因此，本书也从协调发展理念与系统思想角度出发关注中国铝资源的可持续保障问题，不仅使用与铝资源相关的面板数据进行供需分析、需求预测、供给结构与安全保障度测算，运用 TOPSIS 法对中国铝资源可持续保障进行评价，并且关注中国铝工业与其他社会事业的发展是否协调，测算铝工业系统与整个经济社会系统的耦合协调度，在此基础上评估我国铝资源的可持续保障能力，铝工业目前与其他事业发展的协调关系。

六、战略管理理论

战略是一个宏观的概念，只要是团体或组织，就需要战略的指引。它主要规范的是组织的长期发展方向和范围，力求使资源与内外部环境（尤其是市场）、消费者相互匹配，以求达到组织的预期目标。全局性、整体性、系统性、长远性等是战略所具备的基本和明显特征。战略所关注的问题都比较重大，兼具长远性和全局性，必然会非常复杂，因此不能用简洁的语言来定义战略。迄今为止，战略的很多种定义往往只是反映了或强调了其某个重要的侧面。其定义的多样性，也正好反映了战略是系统的、复杂的工程。

比较全面的定义是明茨伯格提出的企业战略的"5P"理论，即战略是一种定位、一种观念、一种计谋、一种计划和一种模式。"定位"指的是，企业所具备的综合实力在其行业内所处的合理位置，其实质就是经营不同于竞争对手的生产服务活动，拥有独特的长期竞争优势。这种定位既针对企业产品、市场环境和客户群体，也包括企业的社会责任定位。"观念"指的是，战略带有明显的个人和意识特征，在很大程度上反映了管理者尤其是高层管理者的价值观念和进取意志，以及对企业内外部环境和资源的主观认识和判断，所以说战略是抽象的精神意识的产物。"计谋"指的是，在同一行业或产业中的企业之间存在着各方面的激烈竞争，如发展方向、盈利水平、市场份额等，对于主要竞争者来说，战略的规划和制定至关重要，要充分观察和考虑直接竞争对手的策略。在竞争和博弈格局中谋划对策时，不仅要考虑竞争对手的方针策略，还要坚持自身的特色，以保持竞争中的主动性和独有优势。"计划"指的是，企业决策者或者高层管理者在综合分析内外部环境和资源状况的基础上，给本企业确定某段时期内一个明确的奋斗目标，并且制定可行有效的政策措施，能够最大限度利用和整合可用资源，以确保奋斗目标的实现。"模式"指的是，战略是在特定环境下形成的，不是一种例行程序。它是不断地探索过程的结果，经过不断试错、不断总结而逐渐累积的，强调的是一种"后验性"。一旦形成这种模式，那么对于制定下一个战略来说，模式就会先验性地存在于制定者的脑海中，发挥其启发性、参考性作用，甚至是直接利用。

战略管理理论是伴随着西方管理理论的不断演进而形成的，经历了"设计学派"、"计划学派"、竞争战略理论（战略的核心是获取竞争优势）、"核心能力学派"。进入 21 世纪以来，外部经营环境更加动荡、复杂和不确定，未来越来越难以预测，以这样的背景为基础的后现代战略管理理论逐渐酝酿形成。主要观点有以下三个方面：

（1）战略是不断试错和学习的结果。环境是动荡、复杂和不确定的，企业的对策也必然处于不断尝试和修改的过程中，尤其是企业能力有限，无法应对复杂环境时，就只能摸着石头过河，硬着头皮向前走，在错误中不断修正解决方案，逐步积累就形成了战略。与此同时，制定战略不是程式化的，而是在逐渐学习的过程中创建出适合企业的战略，这样才能应对环境的高度不确定性，形成可持续的组织。

（2）战略是一种意图。一般来说，意图不是那么明晰具体，更不能用完善来形容，它是一种终极目标，需要孜孜不倦去追求，同时指引着组织的发展方向。目前市场风云变幻，商业环境存在很多偶然性，极其不确定，任何战略（即使是非常完美的）都不太可能给组织规划好一条既定路线，而是像"罗盘"一样给组织指引方向。

（3）战略是一个应急过程。良好的战略规定着组织的发展方向和范围，外界环境不同程度的波动，对应着组织的多种选择。当市场发生迅速而紧急的变化时，战略会给出相应的应急措施，在权衡利弊之后做出清晰而有效的决定。因此，战略的规划都应该与现实紧密相连，目的是使组织适应复杂多变的环境和迅速发生的变化。

战略管理是对战略的管理，包括战略制定（战略形成）与战略实施两大部分，最初是由安索夫在其1976年出版的著作《从战略规划到战略管理》中提出的概念"企业战略管理"，他认为企业的战略管理是将企业的日常业务决策同长期计划决策结合而形成的一系列经营管理业务。目前，我们一般认为战略管理是企业确定其使命，根据组织外部环境与内部条件设定企业的战略目标，为保证目标的正确落实和实现进行谋划，并依靠企业内部能力将这种谋划和决策付诸实施，以及在实施过程中进行控制的一个动态管理过程。战略管理不仅是战略的制定与长远规划，也是包含对战略实施全过程的管理；而且它需要根据外部环境的变化、企业内部条件的改变以及战略执行各阶段的反馈信息等，对战略及相关的具体计划及时进行调整，是循环的、往复的动态管理。战略管理从范围上来说具有全局性，从时间上来说具有长远性，也涉及大量资源的配置问题。因此，战略管理不仅存在于企业管理中，也存在于日常生产生活的方方面面，尤其是一些重大的长远的决策的制定与实施，都包含了战略管理理论的丰富意义。

管理中国铝资源的生产、消费、贸易和回收等环节是一个庞大且复杂的系统工作，不仅需要具体明确的工作计划和流程，也需要战略规划作为总指导。相关部门在制定战略时，需要对其基本情况、国外发展状况、未来的发展趋势等情况了如指掌，也需要相关部门的相互配合，更需要与经济社会各项事业协调发展才能把握总体战略的方向。因此，本书在战略管理理论的指导下，对中国铝资源的供给与需求现状和趋势进行分析，对供给结构与安全保障度进行测算，对铝资源的可持续保障情况、铝工业与其他经济社会事业的协调发展情况进行评价。与此同时，本书还借鉴美国、德国、日本、法国、英国的二次资源利用与铝金属的循环利用政策与实践，并调研中国的二次资源利用与铝金属的循环利用实践，结合中国铝资源循环利用所具备的基本条件与巨大潜力，提出铝金属的循环利用是解决目前中国铝资源短缺问题，保障其可持续供应的有效方法，也是长期战略规划的方向，因此中国铝资源的可持续保障对策都是围绕铝金属的循环利用这个战略方向展开的。

七、研究边界与概念界定

本书的研究时间边界是 1996~2018 年，预测量的时间范围可以到达 2030 年，地域边界是中国的大陆地区，数据来源多种多样，有些来自官方或者行业统计，比如中国有色金属工业年鉴、中华人民共和国商务部网站、国家统计局、中国金属网、中国铝业网、中国有色网（CBC）、世界金属统计（WBMS）、美国地质调查局（USGS）、中国地质科学院全球矿产资源战略研究中心等，有些数据和参数、系数是来自其他研究者的学术论文，某些缺失数据用插值法进行补充，而物质流分析中的某些缺失数据还可以根据物质守恒定律进行补充。

本书中铝资源的供给结构是指国内消费的各种铝产品中，原生铝、二次铝、贸易进口、替代品、境外开发所占的比例或者份额。但是铝金属的替代品很少，可以忽略不计，境外开发由于各种各样的原因和限制，并没有取得良好的进展，也没有对国内产业形成有效的资源支撑。因此，中国铝资源的供给结构是指国内消费的各种铝产品中，原生铝、二次铝、贸易进口所占的比例或者份额。矿产资源保障程度是指国家或地区的矿产资源能满足社会及经济发展和原材料工业需要的程度。那么，本书中中国铝资源的安全保障度即是中国铝资源能满足本国社会经济发展以及人民正常生产生活需要的程度，也是铝产品供给中原材料（铝土矿和铝废料）来自本国所拥有的而不是进口其他国家的比例或者份额，即自给自足程度。再生铝对中国铝资源可持续供应的贡献度包括两方面的内容：对总需求量的贡献和对安全保障度的贡献。对总需求量的贡献指的是再生铝供应量在铝总需求量中的比例，对安全保障度的贡献指的是再生铝供应使安全保障度提高的比例。

八、小结

本章主要介绍了研究的理论基础，包括资源稀缺论、资源安全论、可持续发展理论、资源循环理论、协调发展理念与系统思想、战略管理理论，以及这些理论的历史沿革、主要内容及其对现实的重要意义等。同时对本书中相关名词进行了概念界定，也界定了时间和地域边界使研究范围更加清晰、研究内容更有针对性。

第三章 中国铝资源的供需分析

一、中国铝土矿资源禀赋

据《全国矿产资源储量通报（2002~2014 年）》数据，2013 年中国铝土矿储量和基础储量分别为 4.85 亿吨和 9.83 亿吨，较 2001 年分别增长了 -0.2 亿吨和 3.1 亿吨。2001~2013 年储量占基础储量的比例呈逐渐下降趋势，其中，2001~2008 年储量占基础储量比例维持在 72%~76%，2009~2013 年占比变化较大，分别为 60.5%、43.8%、56.5%、55.1% 和 49.3%。相对而言，排除 2010 年储量占比骤降的情况，中国铝土矿储量占基础储量的比例呈一定下滑趋势但较平缓（见图 3-1）。

2001~2013 年，中国铝土矿资源基础储量和资源量分别增加了 3.09 亿吨和 12.43 亿吨，增长了 0.46 倍和 0.69 倍，年均增速分别为 3.2% 和 4.5%；基础储量和资源量占资源储量的比例基本维持在 25%~75%。总体而言，中国铝土矿资源储量结构较合理。

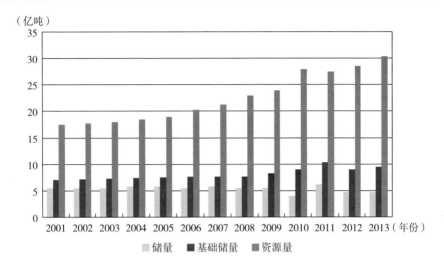

（亿吨）

■ 储量　■ 基础储量　■ 资源量

图 3-1　2001~2013 年铝土矿资源储量结构变化

资料来源：2002~2014 年全国矿产资源储量通报。

截至 2013 年底，全国铝土矿累计查明资源储量 44.1 亿吨，累计消耗资源储量 3.42 亿吨，全国铝土矿保有资源储量 40.23 亿吨，主要分布于山西、河南、贵州、广西 4 省份；其中，已占用查明资源储量 11.18 亿吨，未占用查明资源储量 29.05 亿吨；矿石品级中等；主要矿床类型为沉积型铝土矿。

就主要省份而言，山西、河南、贵州、广西 4 省份分布有大型矿区 56 个，占大型矿区总数的 94.9%；中型矿区 122 个，占中型矿区总数的 87.1%；小型矿区 194 个，占全国小型铝土矿区总数的 67.4%；云南、河北、山东以及其余省份是以小型矿区为主（见图 3-2）。

山西等 4 省份大型矿区保有资源储量 21.55 亿吨，占全国大型铝土矿床保有资源储量（22.69 亿吨）的 95.0%；中型矿区保有资源储量 12.22 亿吨，占中型铝土矿区保有资源储量（13.55 亿吨）的 90.2%；小型矿区保有资源储量 2.6 亿吨，占小型铝土矿区保有资源储量（3.99 亿吨）的 65.2%；而重庆、云南、山东以及其余省份的大型、中型和小型铝土矿床保有资源储量占比分别为 5.0%、9.8% 和 35.8%（见图 3-3）。

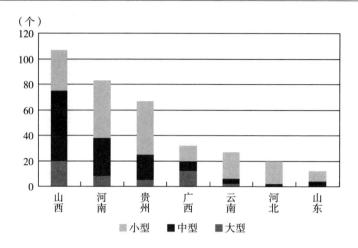

图 3-2　我国主要铝土矿省份不同规模矿区数分布

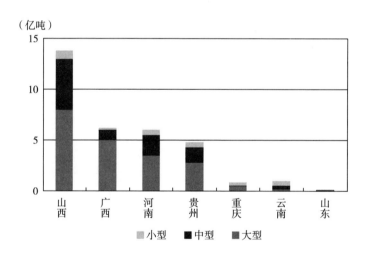

图 3-3　我国主要铝土矿省份不同规模矿区保有资源储量分布

全国铝土矿保有资源储量 4.85 亿吨，基础储量 9.83 亿吨，资源量 30.4 亿吨。保有资源储量较大的省份中，广西基础储量占保有资源储量的比例最高，高达 47.4%，其余依次为河南（14.6%）、贵州（13.4%）和山西（9.1%）。可见，广西铝土矿勘查工作程度最高，河南、贵州、山西等省逐渐降低。

二、铝元素生产阶段的代谢模拟

从中国铝资源的供给结构和安全保障度的概念界定来看，与它们联系最为紧密的是铝工业的生产阶段及其供需状况，因此对生产阶段进行详细的物质流分析可以帮助理解 20 年中国铝生产工业的整体状况及供给和保障变化情况，为量化的和科学的政策制定提供依据，从而为实施清洁生产、可持续发展和资源的循环利用做贡献。

（一）生产阶段的物质流分析

氧化铝电解熔融得到原生铝，而它本身是冶炼铝土矿而来的，因此原生铝也被称为原生电解铝。本小节将描述铝的生产阶段的三个主要的子阶段：铝土矿开采、氧化铝生产和原生铝电解（见图 3-4）。

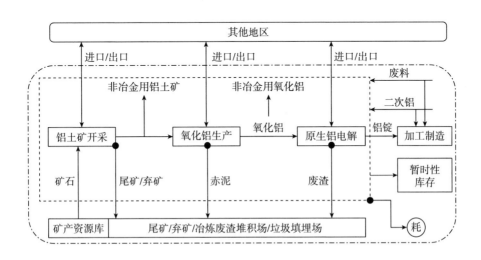

图 3-4　铝的生产阶段的系统边界

铝土矿是铝金属的主要矿石来源，在自然界几乎不存在单质铝。铝土矿大致可以分为三类：一水软铝石型、三水铝石型和一水硬铝石型铝土矿，它们主要是用来生产氧化铝，也有较少一部分是其他工业产品的原材料（潘复生等，2006）。露天开采法和地下开采法是采矿的两种基本方法，中国目前主要依赖露天开采法来开采用于冶金的铝土矿（张克仁等，2006）。至于矿石选矿方面，大体来说，我国的矿山开采基本上无选矿环节，开采出来的铝土矿不分品位高低和质量好坏，被直接送往氧化铝厂进行冶炼，广西平果的三水铝石型铝土矿除外。在中国，由于占据全球很小份额的铝土矿资源储量和国内巨大的经济需求，使铝成为稀缺性的矿产资源。与此同时，中国的铝土矿绝大部分都是一水硬铝石型，具有高铝、高硅、低铁、低铝硅比的特点，为选矿和冶炼增加了难度（华一新，2014；毕诗文等，2007）。

　　可电解生产原生铝的原材料是冶金级别的氧化铝，而精炼冶金级别的氧化铝主要有三种方法：拜耳法、烧结法和拜耳—烧结联合法。世界上绝大多数国家都采用拜耳法，它可以最大限度地节约能源消耗，但是它的回收率不是很高。中国的氧化铝生产是从烧结法开始的，该方法适合精炼品位较低的铝土矿，而后来主要采用拜耳—烧结联合法。近年来，运用洗选将低铝硅比的铝土矿变成较高品位的矿石，然后采用"选矿—拜耳法"，这也是氧化铝生产工业发展的一个重要方向（钮因健，2005）。

　　原生铝基本上都是采用 Hall-Héroult 法冶炼的，在以冰晶石为主要成分的熔融氯化物电解质中将氧化铝电解还原成熔融铝（Halvor，2014）。液态的铝通常含有很多杂质，所以一些铝电解厂需要进行进一步精炼以满足一些部门对高纯度铝的需求，然后将液态铝铸造成铝锭（潘复生等，2006）。

　　每一个子阶段都有相应的不可避免的废弃物产生，铝土矿开采阶段的尾矿和弃矿，氧化铝生产产生的赤泥，原生铝电解剩余的废渣等。如果采用的处理方法合理得当，那么这些废弃物的数量会大大减少，而且有很大一部分可以进行综合利用。每一个子阶段也都与国外有贸易往来。回收的铝废料一部分会进入生产阶段重熔成再生铝，另一部分直接进入加工制造阶段。

（二）生产阶段的相关指数

在铝金属生产阶段的物质流分析过程中也计算一些相关指数：利用废料生产的二次铝占据铝金属总产量的比例、每一子阶段的资源效率及净进口依存度：

$$R_s = 二次铝产量 / （二次铝产量 + 原生铝产量） \qquad (3-1)$$

$$R_{re}^i = （第 i 过程总产出量 - 第 i 过程废料和损失量） / 第 i 过程投入量 \qquad (3-2)$$

$$R_{id}^i = 第 i 过程净进口量 / （第 i 过程的净进口量 + 本国第 i 过程产量） \qquad (3-3)$$

上述式中，$i = 1$，2，3，表示铝生产阶段的三个子阶段，R_s、R_{re}^i、R_{id}^i 表示二次铝占据铝金属总产量的比例、每一子阶段的资源效率及净进口依存度指数。这些指数不仅反映铝工业生产阶段的总体资源循环状况、各个环节的投入产出状况和贸易状况，而且能很好地反映铝工业生产阶段各个环节在资源综合利用、环境保护方面的改善潜力。

（三）铝元素代谢模拟结果和各阶段的指数分析

中国的原生铝生产工业每年的生产状况都有一定的差别，由于篇幅和数据限制，因此本书运用物质流分析对铝元素在 1996 年、2000 年、2005 年、2010 年和 2015 年分别进行代谢模拟，以窥全貌。图 3-5 清晰地描述了中国铝金属的生产阶段各个环节的整个代谢过程，能够充分了解到原生铝工业生产阶段的全貌，也能够掌握其近 20 年来的变化趋势。

二次铝在总产量中的占比与各阶段的资源效率和净进口依存度指数计算结果如图 3-6 所示，其中，BM（Bauxite Mining）、AP（Alumina Production）、AE（Primary Aluminum Electrolytic）分别代表铝土矿开采、氧化铝生产和原生铝电解过程。还可以从图中得到这些指数的变化过程和未来的发展趋势。

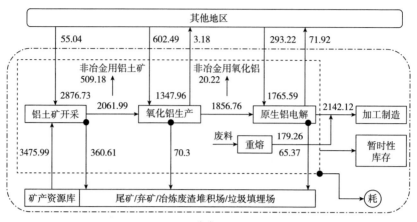

（a）

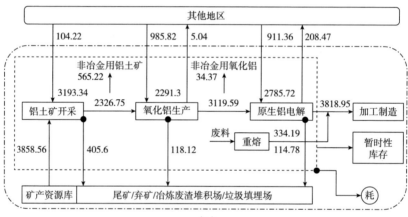

（b）

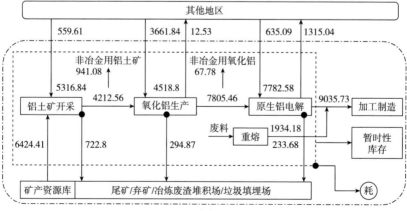

（c）

图 3-5　中国铝金属生产阶段的代谢模拟简图

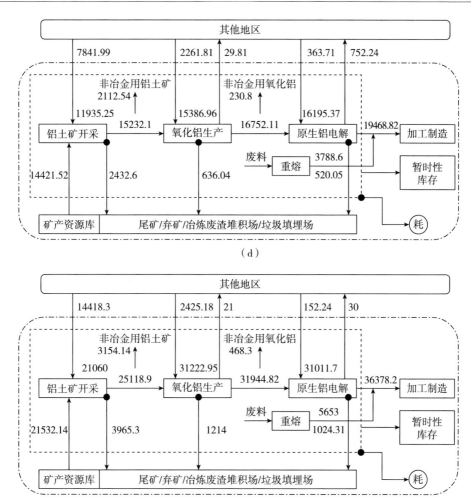

图 3-5 中国铝金属生产阶段的代谢模拟简图（续）

注：（a）~（e）图分别对应的年份是 1996 年、2000 年、2005 年、2010 年和 2015 年。

资料来源：中国有色金属工业年鉴，WBMS，USGS。

1996~2016 年，中国的二次铝产量总体上是逐步增加的，并且年均增长率高达 25%。1996~2003 年产量增长缓慢，2004 年猛然增加为原来的 3 倍，2004 年之后产量呈现出稳定增长态势。即使是在国际金融危机期间，我国的二次铝产量也没有受到太大的影响，仅在 2008 年减少了一点，而且一直都保持在高增长率

（见图3-7）。国际金融危机对中国铝金属的再生工业影响稍微少一点，甚至可以说是没有影响。

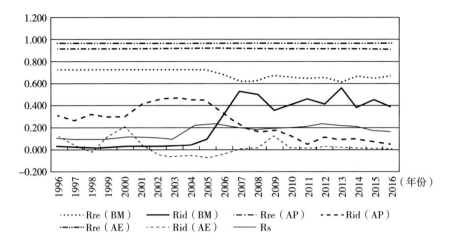

.... Rre（BM）　—— Rid（BM）　—·— Rre（AP）　——— Rid（AP）

—·— Rre（AE）　- - - Rid（AE）　——— Rs

图3-6　生产阶段相关指数的变化趋势

注：Rre（BM）、Rid（BM）表示铝土矿开采过程中的资源效率和净进口依存度指数；Rre（AP）、Rid（AP）表示氧化铝生产过程中的资源效率和净进口依存度指数；Rre（AE）、Rid（AE）表示原生铝电解过程中的资源效率和净进口依存度指数；Rs表示二次铝占总产量的比例。

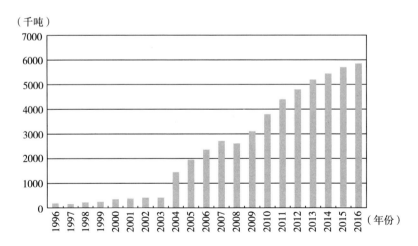

图3-7　1996~2016年中国二次铝产量

资料来源：中国有色金属工业年鉴。

尽管 1996~2016 年，二次铝的生产量增加迅速，但二次铝占总生产量的比例却一直不高，最高的是 2005 年的 0.24。从图 3-6 中的变化趋势来看，这个指数总体上增加缓慢，而且增长过程明显地分成两个部分。2004 年之前，这个指数一直保持在 0.2 以下，并缓慢增加。2004 年及其之后的年份，二次铝占比指数一直徘徊在 0.2 左右，且增加的趋势不明显。2014 年，该指数又下降至 0.2 以下。发达国家美国、德国、英国和法国的再生铝产量分别为消费量的 81%、32%、56% 和 32%（王安建等，2012），中国的这一比例相对于这些国家而言还是偏低，尤其是和美国相比，最多只有其四分之一。

其中关键原因还是在于中国铝资源的使用存量仍然很少，"太年轻"以至于不能产生大量的铝废料供国内二次铝的生产（Chen et al.，2012a）。另外，因为国内许多个人小作坊的参与和熔融技术水平低下，导致在重熔过程中的二次铝的损失率相对比较高。而对于三个子阶段的资源效率和净进口依存度指数则在下列详细分析。

在铝土矿开采子阶段，1996~2016 年自产的、进口的铝土矿和尾矿的年均增长率分别为 12%、50.3% 和 15.5%。从数量变化上来看，它们都处于不断稳定增长的态势。但具体来分析，国内的铝土矿产量在 2011~2014 年增长缓慢，之后又迅速增加；铝土矿的进口量波动幅度比较大，不存在明显的变化规律，其中 2005~2007 年每年分别比其前一年增长了 1.46 倍、3.27 倍和 1.52 倍；尾矿基本上是随着国内的铝土矿产量的变化而增加的（见图 3-8）。我国的铝土矿多为难以利用的一水硬铝石，资源品质较差，出口量非常少，可以完全忽略不计。

该时期资源效率指数没有上升反而在缓慢下降，而净进口依存度指数整体上在不断上升，尤其是 2005~2007 年和 2012~2013 年。资源效率指数的反常现象意味着，一方面该过程存在越来越严重的资源浪费，尾矿没有认真处理，另一方面这也暴露了中国越来越多的低品位矿石、越来越少的高品位矿石的现状。中国是铝土矿的净进口国，毫无疑问现在更加依赖进口，而且进口来源地非常集中

（2011 年，印度尼西亚 80%，澳大利亚 19%）（程春艳，2013）。由于全球化的发展，中国铝土矿净进口量的年平均增长率（50.3%）远远大于国内开采量的年平均增长率（12%）。在全球市场的激烈竞争和剧烈变化的条件下，为了保障资源安全，这种状况必须引起高度重视。

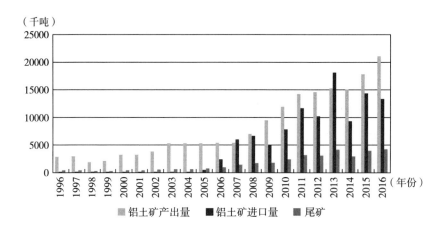

图 3-8　1996~2016 年中国铝土矿产量、进口量和尾矿

资料来源：中国有色金属工业年鉴。

在氧化铝生产子阶段，1996~2016 年自产的、进口的、出口的和赤泥的年均增长率分别为 17.8%、12.6%、26.4% 和 15.6%。从数量上具体来分析，自产的氧化铝产量为了满足国内巨大的刚性需求而以极快的速度增加，并且数量基数也非常大，已经是全球氧化铝产量最大的国家，占据全球总产量的 50% 以上；2003~2006 年的氧化铝进口量是最多的，之后年份的进口量稍少一些，但其数量保持基本稳定；赤泥产生量随着氧化铝产量的增加而不断增多；氧化铝进口量和赤泥产生量与氧化铝产量相比，数量基数比较小，而氧化铝出口量的数量基数更小，使用的是右侧的刻度值，并且没有明显的变化规律，但是在 2011 年之后保持在稳定、缓慢增长态势（见图 3-9）。

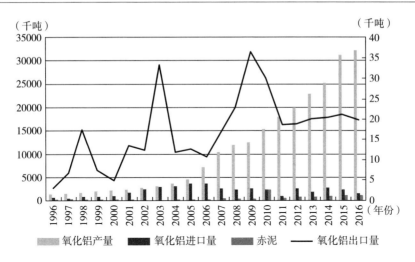

图 3-9　1996~2016 年中国氧化铝产量、进出口量和赤泥

资料来源：中国有色金属工业年鉴。

　　该时期资源效率指数相对比较高且没有太大的波动，该过程的资源利用是有效率的，更为乐观的是净进口依存度有下降的趋势，从 2003 年最高的 0.47 下降到 2016 年的 0.05 左右。这种情况可以从两个方面来解释：净进口量整体上是逐渐减少的，并且国内氧化铝产量在这一时期却是高速增长的。

　　在原生铝电解子阶段，1996~2016 年自产的、进口的、出口的原铝和熔渣的年均增长率分别为 15.9%、30.8%、19.3% 和 15.3%。从数量上具体来分析，与国内的原铝产量相比，原铝的进、出口量和熔渣产生量的数量基数都比较小，所以使用的是右侧的刻度值（见图 3-10）。同样地，为了满足国内巨大的刚性需求，国内原生铝产量以极快的速度增加，已经是全球原生铝产量和消费量最大的国家，分别占据全球总产量和总消费量的 50% 以上；原生铝进口量和出口量的波动幅度比较大，而出口量在 2007 年之后逐渐稳定下降；熔渣产生量的变化趋势与国内原生铝产量的变化一致。

　　该时期资源效率指数是生产阶段的三个子阶段中最高的，这意味着原生铝电解的单位资源消耗是最少的，而且该子阶段的净进口依存度指数是下降的趋势，并且基本上都是负值，这说明中国是原铝的净出口国。原铝净进口量的下降和国内生产量的增加使得净进口依存度指数的下降，进口量少于出口量使得净进口依存度指数是负值。在国际金融危机的影响下，2009年与其他年份相比较有一些异常的地方：国内原铝产量和出口量下降，而进口量增加不少。2010~2016年，原铝净进口依存度指数极其接近于0，可以看到未来中国将很可能成为原铝进出口平衡的国家。

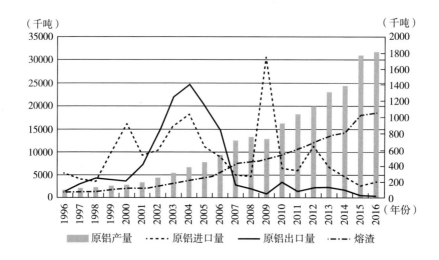

图3-10　1996~2016年中国原生铝产量、进出口量和熔渣

资料来源：中国有色金属工业年鉴。

总体来说，国际金融危机对国内的铝土矿开采、氧化铝和原铝的生产以及废弃物产生量的影响不是很明显，但是对铝资源进出口贸易的影响相对较大。这进一步证实了对外依存度高存在着高风险，即很大的供给危机，不利于国内铝资源的可持续供给。

三、中国铝资源的供给分析

（一）国内原生铝供给分析

图 3-11 和图 3-12 显示了国内各种含铝物质每年产量的绝对数量和相对变化情况。在图 3-11 中，右侧纵坐标是资源储量的刻度值，左侧纵坐标是其他量的刻度值，各种含铝物质的数量变化基本上都是有规律的，除了资源储量、铝土矿产量和氧化铝产量。

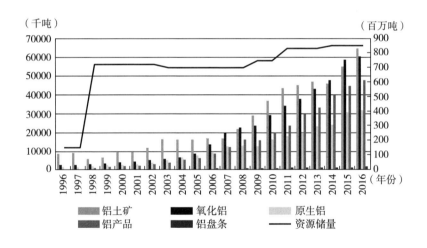

图 3-11 1996~2016 年国内各种铝资源的供给量

资料来源：中国有色金属工业年鉴。

1996~2016 年，国内的铝土矿、氧化铝、原生铝、铝产品和铝盘条的年均增长率分别是 12%、17.8%、15.9%、21.9% 和 25.8%。1998 年，铝资源储量大幅度增加，是 1996 年的 4 倍，这意味着该年度探矿工作取得了丰硕的成果，但是之后的年份却增加缓慢，探矿工作没有取得实质性的进展。2008~2010 年，由于国际金融危机的影响，氧化铝、原生铝、铝产品和铝盘条的产量都增长较慢，甚至是某年会出现减少的情况，其中氧化铝在该期间的年均增长率是 13.2%，低于 1996~2016 年的年均增长率；原生铝和铝产品产量在 2009 年都下降了 2 个百分点，铝盘条的产量在 2008 年下降了 15 个百分点。有一个奇怪的现象值得关注，在该期间铝土矿产量却增长迅速，年均增长率达到了 30%，远远高于 1996~2007 年的 8.1%。

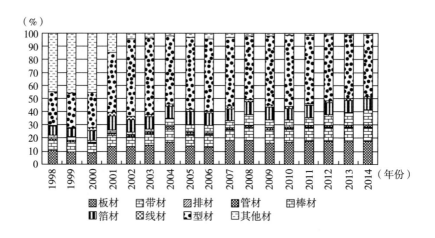

图 3-12　1998~2014 年国内铝产品的供给结构

资料来源：中国有色金属工业年鉴。

图 3-12 中展示了 9 种常见的铝中间产品，即半成品，分别是板材、带材、排材、管材、棒材、箔材、线材、型材和其他材，它们各自所占据的比例以及变化情况。2014 年，数量较多的是型材、板材、棒材，占据的比例分别是 45.3%、16.8% 和 10.8%；数量较少的是排材、线材和管材，占据的比例分别是 0.4%、1.2% 和 1.7%。1998~2014 年，数量变化最大的是其他材，比例从 44.3% 降到 1.3%；其次是型材，比例从 26% 增加到 45.3%；再次是棒材和板材，比例分别

从 3.2% 和 10.4% 增加到 10.8% 和 16.8%，而其他的铝中间产品的比例没有太大的变化。

进一步分析可得，1998~2014 年，所有铝的中间产品在整体上都增加迅速，年均增长率分别是 28.6%、26.9%、38.4%、38.1%、45.9%、25.6%、50.4% 和 28.6%，而其他材的年均增长率只有 8%。与此同时，其他材在 2014 年相对于 1998 年的增长率是 -2.6%。虽然其他材在数量上的减少率只有 2.6%，但是它所占据铝中间产品总量的比例却下降剧烈。主要是因为这些年其他材的产量没有明显的变化，而其他铝产品的产量却增长迅速。

（二）国内二次铝供给分析

1996~2016 年国内二次铝的供给量和结构都反映在图 3-13 中，由于循环经济和可持续发展战略的先进理念日益深入人心，中国的二次铝产业持续稳定快速增长。废料回收量和二次铝产量的年均增长率分别是 13.3% 和 25%。二次铝来自

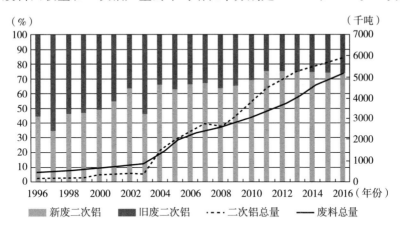

图 3-13 1996~2016 年中国二次铝的供给量和结构

注："新废二次铝"指的是铝的新废料重新加工得到的二次铝，"旧废二次铝"指的是铝的旧废料重新加工得到的二次铝。新废是指在生产、加工、制造过程中产生的边角料等废料，旧废是指含铝产品经过消费、使用、报废、回收等环节得到的废料。

资料来源：中国有色金属工业年鉴。

被回收、拆卸、处置和重熔的铝废料，因此废铝回收量应该多于二次铝的产量。但是现实情况是，2004年以来废铝回收量却少于二次铝产量，并且数量差距在2009年以后越来越大。这是因为中国的工业化进程比较晚，废铝资源还没有达到规模回收的阶段，回收相对很零散并且数量也很小，而铝废料的进口量日益增长，且数目巨大，正好填补了这个差距。

另外，新废二次铝比例越来越高，2011年以来稳定在75%左右，而旧废二次铝的比例则逐年下降，近五年稳定在25%左右。这从另一个侧面说明中国的废铝回收行业发展不景气，回收量少的现状，而又能够充分反映在铝产品的加工制造过程中，资源的综合利用率不断提高。

（三）贸易情况分析

国际贸易在促进全球经济发展以及参与国的快速发展方面扮演着举足轻重的角色，它既能够调节国际市场各方面的供求关系，充分利用有效的生产性要素，也能够提高参与国的生产效率，优化国内产业结构。

图3-14显示了1996~2016年中国铝土矿、氧化铝和未加工铝的贸易状况。它们各自的进口量和出口量整体上一直处于增长状态，但是期间过程也是相对曲折的，没有明显的规律可循。1996~2016年，铝土矿进口量增长迅速，年均增长率是12%，其中2006年增长为2005年的3.3倍，2007年增长为2006年的1.5倍。然而由于2008年国际金融危机的影响，2009年锐减了五分之一，2010~2011年又迅速增加。2012年下跌了12个百分点，2013年迅猛增加，2014年再次下跌了将近50%。本书忽略铝土矿的出口量，因为数量很少。

1996~2005年，氧化铝的进口量逐年增加，在2005年达到顶峰，年均增长率是12.6%。然后在2006~2011年逐年减少，到2011年减少了四分之一，然后在后几年又缓慢增加。氧化铝的出口量在2009年达到顶峰，但是和进口量相比，数量仍然是很少的，并且没有太大的起伏变化，所以其净进口量的变化规律与进口量的变化规律相似。

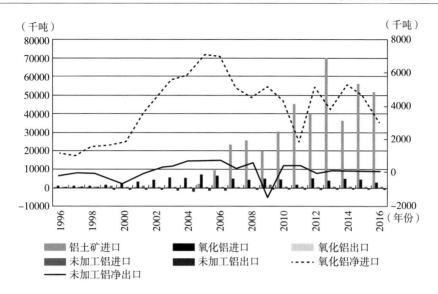

图 3-14　1996~2016 年铝土矿、氧化铝和未加工铝的贸易量

注：左侧纵坐标是进口、出口的刻度值，右侧纵坐标是净进口、净出口的刻度值；柱状表示进口量和出口量，折线表示净进口和净出口量；进口量为正，出口量为负。

资料来源：中国有色金属工业年鉴。

与铝土矿和氧化铝相比，未加工铝在 1996~2016 年，进口量的数量基数要小得多，但是变化状况要更复杂。1996~2000 年以平均 39.2% 的增长率迅速增加，2001 年锐减为 2000 年的一半；2002~2004 年的年均增长率是 34.4%，2005年锐减为 2004 年的三分之一；2006~2008 年的年均减少率是 26.3%，然后增加剧烈，2009 年是 2008 年的 7 倍之多；之后几年进口量都是徘徊在 2009 年的五分之一和三分之一之间，并缓慢增长。未加工铝的出口量在 1996~2004 年的年均增长率是 59.1%，2004~2016 年缓慢下降，某些年份也有增加。未加工铝的净进口量基本上都是负值，为了计算方便，本书采用的是净出口量。越来越多的进口量和越来越少的出口量，尤其是 2009 年，意味着中国在寻求贸易结构的转型，通过进口更多的未加工铝，中国能够满足国内快速工业化和城镇化的需求，能更好地实施可持续发展和科学发展战略。

参与国际贸易的铝中间产品主要包括铝粉、铝条杆型材、铝丝、铝板带、铝箔、铝管、铝制管子附件。这些铝产品的总进口量从 2001 年一直稳步增长，2007 年达到最多，然后缓慢下降，并且具有持续下降的趋势。总出口量在 2001~2011 年的年均增长率是 33.1%，且总体上具有一直增长的趋势，只是在 2008~2009 年受到国际形势的影响而略微减少一些（见图 3-15）。

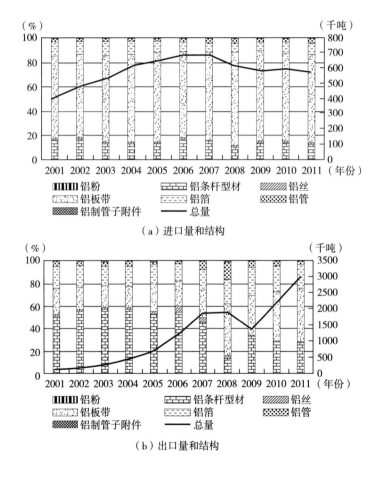

（a）进口量和结构

（b）出口量和结构

图 3-15　2001~2011 年中国铝中间产品的贸易量和贸易结构

资料来源：中国有色金属工业年鉴。

各种进口的铝中间产品的结构没有太大变化，占据比例最大的是铝板带，从

2001 年的 68% 增到 2011 年的 72%，其次是铝条杆型材和铝箔，从 2001 年的 16% 和 12% 降到 2011 年的 12% 和 10%。然而出口量的结构变化相对复杂一些。2001 年，占据出口量比例较大的是铝条杆型材、铝板带和铝箔，比例分别是 51%、23% 和 19%；而 2011 年，占据出口量比例较大的是铝板带、铝条杆型材和铝箔，比例分别是 47%、28% 和 21%。另外有两个变化较大的值得关注的现象：①2001 年出口铝管的比例在 5% 以下，而 2008 年就达到了 16%；②2001 年出口铝丝的比例在 2% 以下，而 2006 年就达到了 5.6%。尽管其他铝中间产品的出口量在该期间也在不断增长，但是它们的数量基数比较小，在总出口量中所占据的比例也很小。2008 年的国际金融危机对铝中间产品的出口影响较大，出口结构发生了明显变化，而对铝中间产品进口的影响却较小。

图 3-16 展示了 2001~2011 年中国铝金属制品和废料的进出口状况。在此期间，铝金属制品的进口量和出口量分别是以年均增长率 5.2% 和 23% 的速度增加，以至于出口量远远大于进口量，净进口量是负值。再结合铝产品的贸易状况，可以发现一个有效的信息：中国进口铝产品，出口铝金属制品，逐渐成为一个重要的制造中心。至于铝废料，由于几乎没有出口，净进口量就取决于进口量，年均增长率是 25%。拆解和重熔铝废料生产二次铝所需要消耗的能源仅仅是开发铝土矿进而生产原生铝所需要的 5%~10%，因此进口大量的铝废料不仅可以缓解在生产原生铝过程中的环境压力，而且可以满足中国工业化和快速城镇化的需求。

综上所述，中国各种含铝物质的贸易情况非常不稳定，充分证明了国际政治环境和经济市场的复杂性，依靠贸易来供应和满足国内的铝资源消费需求是不可取的，存在很大的安全隐患和风险，主要风险有：①原材料铝土矿对外依存度高。由于受铝土矿资源禀赋限制，铝土矿的对外依存度在 2005 年左右陡然升高，2008 年之后稳定在 40%~50% 的高水平，这样极易受到铝资源丰富国家以及进口来源国的政策牵制，同时也在国际贸易定价中没有足够的话语权，需要付出更高的经济代价来获得原料。②贸易结构不合理。中国大量进口原材料，却出口成品，将能源消耗与污染排放引到国内。虽然近几年环境管制政策越来越严格，中国也通过进口更多的未加工铝锭和铝金属制成品，来寻求贸易结构的转型，但是铝产业贸易结构仍然非常不合理。③贸易环境不稳定。当前由于地缘政治、争夺资源能源、恐怖主义、霸权主义，甚至有些地区常年武装动乱等一系列的原因而使得国际环境变得极其不稳定，国际贸易环境也因此非常不稳定、不安全。中国向来愿意且确实积极参与国际贸易，因此必然会受到国际贸易环境不稳定的影响。中国在国际铝资源贸易过程中存在的这些问题会制约铝工业的进一步发展，寻找能够保障中国铝资源可持续供应的有效方法显得尤为重要。

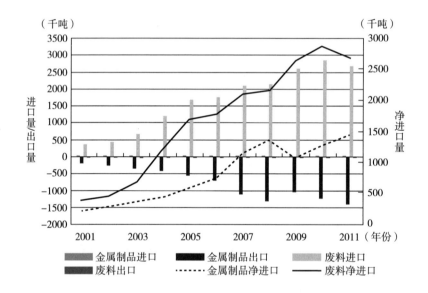

图 3-16　2001~2011 年中国铝金属制品和废料的进出口状况

资料来源：中国有色金属工业年鉴。

（四）境外投资和替代品供给分析

中国的铝供给目前包括国内原生铝供给、国内二次铝供给、贸易供给、境外投资供给和替代品供给。中国从事境外投资开发的企业主要是相对有实力的大型国有企业、股份制企业和小部分资金雄厚的民间企业，它们采用多种直接投资的方式，如绿地投资、股权置换战略联盟、并购等，或者是以国家为后盾，利用国家相关的外交政策来间接促成矿山项目投资。经过各方面多年的努力，中国企业境外开发的足迹遍布全球铝土矿资源丰富的国家，包括澳大利亚、越南、几内亚、秘鲁、老挝、智利等。但从目前来看，中国企业境外开发铝土矿的结果并不尽如人意。虽然它们以各种形式掌握并控制了境外一定量的铝土矿资源，但是也由于各种原因（如各国矿业政策的限制、长途运输的风险加倍以及运送成本的增加等），暂时还没有某个企业能够成功地将境外控制的矿山所开发的铝土矿资源输送回国内进行生产加工的成功案例，所以说境外投资开发对中国铝工业发展暂时还没有形成有效且持续的资源供给（程春艳，2013）。

与此同时，铝的某些良好的使用属性与铜、锌、镍等金属非常相似，并且还具有比这些金属优越的特性，所以铝在诸多方面可以较好地替代这些金属。铝导线可以替代铜线，铝可以替代镀镍不锈钢，铝及铝合金的比重小、强度高，在一些工业部门可以取代钢铁等（中国铝业网，2015）。实际上由于全球铝资源储量较其他金属资源都要丰富，可供长时间利用，因此为各国制造业把铝作为更重要、更常用的原材料提供了比较好的条件。而能够替代铝及铝合金的物质很少，虽然塑钢门窗可以替代铝合金门窗，但也不能完全替代。并且寻找替代品也需要花费很长时间，投入大量的人力、物力和财力，现阶段还没有到必须寻找替代品的地步。

因此，中国的铝供给目前包括国内原生铝供给、国内二次铝供给、贸易供给，境外投资和替代品暂时还不成规模，无法提供有效的资源支撑。

四、中国铝资源的消费分析

同样地，从中国铝资源的供给结构和保障程度的概念界定来看，与它们联系相对紧密的还有铝产品的消费使用。通过对铝产品的消费量和消费结构的分析，不仅能够得到铝资源的消费现状，还可以为铝资源的消费需求预测提供坚实的和可靠的依据。

（一）铝消费量

图 3-17 中左侧是消费量的刻度值，右侧是暂时性库存的刻度值。含铝产品的国内消费量从 1996 年开始就一直不断地大幅度增加（除 2008 年没有太大变化），年平均增长率为 14.9%，且在将来的一段时间里还会不断增加，有学者研究认为铝的消费顶峰在 2025 年左右（王安建等，2012）。与此同时，暂时性库存的变化趋势没有规律可言。少量的甚至是负数的库存意味着国内铝供给难以满足国内铝消费爆炸式的增长，而相对较多的库存则表明铝消费需求疲软、经济发展放缓或者是市场饱和。21 世纪前后，中国几乎没有铝金属库存，处于供不应求的状态，这与当时经济的繁荣景象、大力兴建基础设施相符合；在 2004 年之后铝金属库存量虽有较大波折，但是开始呈现出逐步增加的态势，而其数量基数与消费量相比还是太小；然而在 2014 年库存量猛然下跌，一直到 2016 年都是为负数的状态。尽管原铝进口量在不断增加，但是还是基本上能满足国内的消费需求，需要进一步找到保障中国铝资源可持续供应的有效方法，不然会影响我国经济向前发展的步伐。

（二）铝消费结构

随着中国铝消费量的变化，其消费结构也经历着一些变化。铝产品的最终用途大体上分为七大类：交通工具、建筑、机械设备、电力电子设备、耐用消费品、包装和其他。正如图 3-18 中所看到的那样，1998～2014 年中国含铝产品的消费结构变化最大的是 2000 年。2000 年以前，铝产品最大的消费领域是耐用消费品和电力电子设备，增加最快的部门是建筑，其次是交通工具，衰减最快的部门是耐用消费品，其次是其他，其余消费部门没有太大变化。而在 2000 年之后，最大的消费领域是建筑和交通工具,这两个部门消费将近占据总消费量的一半左右,并且七大部门的消费份额保持在一种稳定的状态,没有剧烈变化。

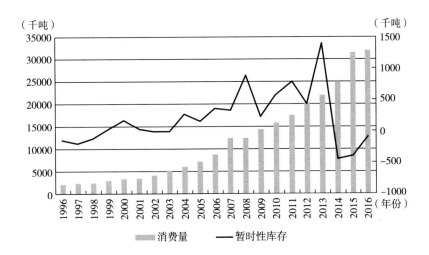

图 3-17 1996~2016 年中国铝产品的消费量

资料来源:中国有色金属工业年鉴,USGS 等。

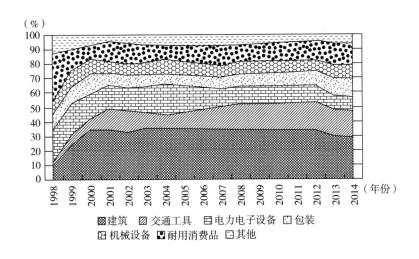

图 3-18 1998~2014 年中国铝产品的消费结构

这些现象充分反映了当时经济社会的发展状况。一方面，在 20 世纪 90 年代，城市化的快速发展引发基础设施和公共建设的大力投资和建造：建筑、公路、铁路、电力设施等。由于生活水平的提高，购置各种家用电器成了普遍现象，它们涌入普通人家中，带去巨大方便。另一方面，家用电器等耐用消费品可以使用很长时间，所以 2000 年以前，耐用消费品就成了衰减最快的铝消费领域。进入 21 世纪以来，各种含铝产品的消费份额变化呈现平稳状态。然而值得注意的一点是，含铝产品在建筑和交通工具部门的消费量几乎是总消费量的一半，这意味着人们比以前拥有更宽敞舒适的住房和更便利的生活。电力电子设备的消费比例下降了一些，这是因为基本的电力设施已经完成，不需要大量的含铝产品使用在电力电子设备上。

五、中国原铝需求预测

本书选用中国地质科学院全球矿产资源战略研究中心创建的"S"形模型法与部门消费法同时进行预测，以相互修正补充，最终综合分析得出较切合实际的预测值。"S"形模型法是基于人均原铝消费量与人均 GDP 整体趋势上的"S"形规律，对典型发达国家工业化过程原铝消费量峰值年份进行截面分析，并依据我国经济发展目标设定高、参考及低三种情景方案，解析中国未来原铝需求。部门消费法则是将铝消费分为不同的部门，通过每个部门的消费加总，得出最终的原铝消费需求量。而铝的总消费需求预测是在第六章再生铝供应量预测之后，将其与原铝需求量加总得到的。

（一）"S"形模型法

在统计中国的历史 GDP、人口总量以及人均 GDP 的基础上，进一步结合中国经济的发展规律（主要是年均增长率），从而可以预测我国未来经济发展趋势和人口趋势，还可以得到未来人均 GDP 变化趋势。与此同时，本书继续结合历史的人均原铝消费量，根据它们的"S"形相关规律，预测了未来 15 年中国人均原铝消费量和原铝需求总量。

本书依据全国新一轮矿产资源保障程度论证工作办公室提供的未来人均 GDP 预测值和年均增长率，将经济发展设定为高方案、参考方案（中方案）、低方案三种情景进行预测，是为了更加科学、合理地预测中国原铝需求量。三种不同情景下各发展阶段的 GDP 及其增长率如表 3-1、图 3-19 所示。

表 3-1 中国 GDP 总量及人均 GDP 预测

年份	情景	GDP 总量（亿美元）	人均 GDP（美元/人）	年均增长率（%）
2020	高	201349.14	14052.18	6.00
	中	194832.93	13597.41	5.00
	低	188489.73	13154.72	4.00
2025	高	266908.59	18420.40	5.00
	中	246293.48	16997.67	4.00
	低	227121.52	15674.54	3.00
2030	高	340650.51	23439.84	5.00
	中	299653.67	20618.88	4.00
	低	263296.09	18117.15	3.00

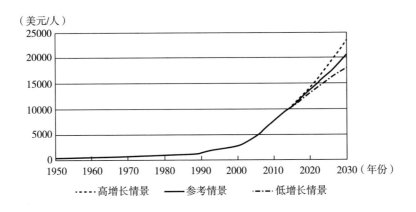

图 3-19 不同情景下我国人均 GDP 增长趋势

在正常情况下，未来 10~15 年，我国工业化路径应该与已经完成工业化的国家走过的路径相近，不存在工业化被压缩的情况。但是由于西方工业化国家工业进程所花时间很长，几十年乃至上百年，而中国工业化的演进是迅速的、被挤压的工业化，这主要与政府对房地产、基础设施建设的支持密切相关，导致我国工业化进程压缩，形成"挤压型"工业化路径。若不考虑工业化进程压缩，中国人均原铝需求量在相当长的一段时间里将处于持续增长状态，但由于中国工业化被压缩，人均原铝消费量及经济增长指标呈快速增长的态势。因此，本书利用挤压式"S"形模型法预测铝需求量，所选择的中国原铝需求量预测指标与参数均是基于被挤压的。根据中国经济增长方式的三种不同情景，对我国未来 10~15 年原铝需求量进行了预测（见表 3-2）。

表 3-2 中国经济未来 10~15 年发展趋势

年份	GDP 增长率（%）			人口数（亿人）			GDP 总量（亿美元）		
	2017~2019	2020~2024	2025~2030	2020	2025	2030	2020	2025	2030
高增长情景	7.0	6.0	5.0	14.15	14.44	14.64	1.41	1.84	2.34
参考情景	6.5	5.0	4.0	14.03	14.15	14.16	1.36	1.70	2.06
低增长情景	6.0	0.4	3.0	13.90	13.86	13.67	1.32	1.57	1.81

由挤压式"S"形模型法预测的规律可知，人均 GDP 在 1.8 万~2.0 万美元时（1990 年 GK 美元不变价，下同），人均原铝消费量达到峰值，但峰值的高低与各个国家的经济发展模式密切相关。根据对我国未来经济趋势的预测可知，中国原铝需求峰值将在 2028 年前后到来。但基于中国压缩式工业化的现实考虑，人均 GDP 在 1.5 万~1.7 万美元时，人均原铝需求量达到峰值，也就是说，原铝需求峰值提前约 5 年到达，即我国原铝需求峰值将在 2023 年前后到来（见图 3-20）。

三种不同情境下的原铝人均和总需求量预测结果见表 3-3、表 3-4 和图 3-21、图 3-22。

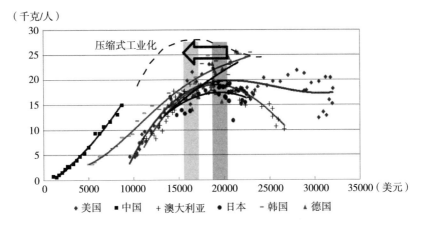

图 3-20 中国及典型国家人均铝需求量变化（"S"形）

注：图中红色虚线表示中国原铝需求轨迹。

资料来源：USGS，WBMS，联合国人口局。

表 3-3 未来 15 年不同情景下中国人均原铝需求量预测 单位：千克/人

时间	2013 年	2014 年	2015 年	2020 年	2023 年*	2025 年	2030 年
高增长情景				27.80	26.51	25.74	24.02
参考情景	16.14	21.20	22.53	24.95	26.21	25.31	23.31
低增长情景				23.48	24.20	24.74	22.61

注：*代表 2023 年为参考情景下原铝需求峰值点。

表 3-4 未来 15 年不同情景下中国原铝需求总量预测 单位：万吨

时间	2013 年	2014 年	2015 年	2020 年	2023 年*	2025 年	2030 年
高增长情景				3900	3743	3641	3400
参考情景	2196.85	2543	3100	3500	3700	3581	3300
低增长情景				3294	3416	3500	3200

注：*代表 2023 年为参考情景下原铝总需求峰值点。

（1）高增长情景下，中国原铝需求量峰值点将于 2020 年前后到达，原铝需求量约 3900 万吨，人均需求量约 27.80 千克。预计 2025 年和 2030 年原铝需求量分别约为 3641 万吨和 3400 万吨，人均需求量分别为 25.74 千克和 24.02 千克。

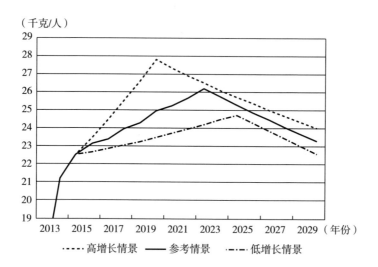

图 3-21　未来 15 年不同情景下中国人均原铝需求量预测

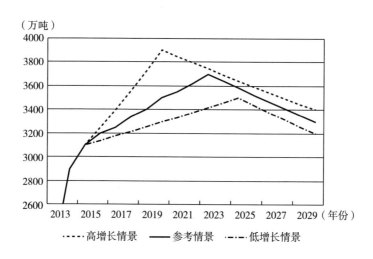

图 3-22　未来 15 年不同情景下中国原铝需求总量预测

（2）参考情景下，中国原铝需求量峰值点将于 2023 年前后到达，较高情景下的原铝需求量峰值点推迟 2~3 年到达，原铝需求量约 3700 万吨，人均约

26.21 千克。预计 2020 年、2025 年和 2030 年原铝需求量分别约为 3500 万吨、3581 万吨和 3300 万吨，人均需求量分别为 24.95 千克、25.31 千克和 23.31 千克。

（3）低增长情景下，中国原铝需求量峰值点将于 2025 年左右到来，较参考情景的原铝需求量峰值年份推迟 2~3 年到达，原铝需求量约 3500 万吨，人均原铝需求量约 24.74 千克。预计 2020 年、2030 年原铝需求量分别约为 3294 万吨和 3200 万吨，人均需求量分别为 23.48 千克和 22.61 千克。

与相同工业化发展阶段的其他国家相比，参考情景下，中国达到峰值时的人均原铝消费量约 26.21 千克，分别与澳大利亚、美国、韩国等国家比较接近。2014~2020 年人均原铝累计消费量约为 163.52 千克，2021~2025 年人均原铝累计消费量 128.2 千克，2026~2030 年人均原铝累计消费量 120.43 千克，与相同发展阶段的韩国接近，但高于美国和德国，中国原铝人均消费量处于较高水平，这与中国压缩工业化进程密切相关。

（二）部门消费法

部门消费法是先将原铝消费分为建筑、交通运输和机械制造、电力等 6 个部门，通过每个部门的消费量加总，得出最终的原铝消费量。随着时间的推移，会存在一些部门的新增或退出，因此运用部门消费法做长期预测时，会存在一定的误差，本书主要对未来 15 年进行预测，因此可以采用此方法。

1. 建筑部门

从长期来看，随着中国城市化水平的不断提高，新农村建设的持续深入带来的新建住宅、各类公共及商业建筑的增加都将构成铝行业长期利好的基础。2015年随着楼市"去库存"作为首要任务提出，预测未来几年建筑行业的发展速度会有所减缓，进入一段较短的平稳期，而"二孩"政策的实施又会再使建筑行业在经历平稳期之后快速发展。而与建筑、房地产密切相关的建筑铝型材料势必将是一个广阔的发展空间。

2013 年，随着我国快速推进的工业化进程，基建投资的规模也越来越大（见图 3-23），全行业铝加工材的消费量和产量由此大幅度增长，使我国一跃成为铝加工材全球最大的消费市场和生产基地。在经过前期一段时间的高速增长后，我国铝加工材行业表现出了许多新的发展特点和趋势，并即将迎来新的高速发展阶段（见图 3-24）。

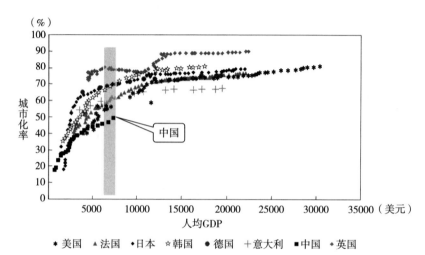

图 3-23　发达国家及中国城市化率变化轨迹

资料来源：GGDC，UN-HABITAT，中国国家统计局。

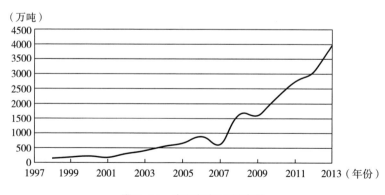

图 3-24　中国铝加工材产量

资料来源：中国有色金属工业年鉴。

从铝金属的应用领域来看，铝型材仍然是主要应用在建筑行业，量大且不断逐年上涨，其他领域的消费量远远少于建筑业，主要是由于近年来我国建筑及房地产业的繁荣发展景象。全球用于建筑业的原铝量占据其总产量的20%左右，在一些工业发达国家，这个比例会更高，建筑业用铝量已占其总产量的30%以上。铝型材在建筑业的分品种产品中，占其主要部分的是幕墙型材、铝合金门、窗等含铝产品（见表3-5）。

表3-5 建筑部门原铝用量预测

年份	居民总人口（亿）	城市化率（%）	城镇总人口（亿）	农村总人口（亿）	城镇人均住宅面积（平方米）	城镇住宅总面积（亿平方米）	农村人均住宅面积（平方米）	农村住宅总面积（亿平方米）	总住宅面积（亿平方米）	建筑住宅用铝量（万吨）
2006	13.14	43.9	5.77	7.37	27	156	31	226.26	382.26	206.2
2010	13.42	49.68	6.67	6.76	31	206	34	230.52	436.52	539.4
2013	13.61	53.73	7.31	6.3	33	240	37	233.67	473.67	662.2
2020	14.03	57	8.00	5.79	36	288.4	43	263.93	552.33	820
2025	14.15	65	9.20	4.52	42	385.2	52	271.44	656.64	930
2030	14.16	70	9.91	3.53	48	478.35	62	281.81	760.16	1100

新增建筑面积：由于"二孩"政策的实施等利好政策，我国未来建筑面积仍有一定的新增面积，按照2013~2025年共新增建筑面积200亿平方米，年均新增16亿立方米，2026~2030年按15亿立方米的新增建筑面积计算。

新增建筑面积的测算参数选择：按照建筑行业经验参数可得，我国门窗面积占房屋建筑面积的比重约是15%，约80%的门窗材质使用铝合金，每平方米门窗需要的建筑型铝材是6千克左右，每千克建筑型铝材中铝金属含量是90%，则2017~2030年每年新增住宅对建筑型铝材的需求量基本上在110万~120万吨，折合电解铝锭约110万吨。

旧有建筑改造和更新的测算参数选择：从国际经验看，当一个国家的人均住房面积在20~25平方米以上时，该国将对旧有建筑进行大规模的改造和更新，而我国从现在起一直到2030年都将处于这个阶段。以每年12%~15%的建筑改造需求，按照建筑行业经验参数测算，2020年、2025年和2030年我国改造旧建筑铝材需求量分别约为900万吨、920万吨和860万吨。建筑部门将是影响我国原铝需求的主导部门，消费量占比将长期保持在26%左右。

2. 交通运输与机械制造部门

我国铝型材总应用量大约有30%都是工业铝型材，主要应用的领域是：耐用消费品业（含轻工业）、装备和机械设备制造业、交通运输业（包括轨道交通业、汽车制造业等）等常用行业，它们在我国工业铝型材的应用中所占比例分别约为12%、10%和10%。而同期的北美、欧洲和日本的工业铝型材耗用在其铝型材消费结构中的比例远高于我国，分别达到55%、60%和40%。预计我国工业铝型材的消费量在未来的10~15年将持续增长，在铝材产品中的比例将由目前的30%上升到45%~50%。

2013年，我国重要用铝行业中交通运输所占比重为18.93%，与同时期世界范围的27.4%，美国的34.7%都有很大差距，除去我国现在处于向城市化发展过程中，建筑行业对铝产品的需求较大的原因外，我国交通运输业的发展还不充分也是主要的原因之一。

2013年，我国机械制造部门原铝用量为201.68万吨，占比8%，从工业化早已完成的发达国家的实践经验中可得，交通运输和机械制造业的发展会贯穿于整个工业化全过程，而汽车生产在工业化完成时达到顶点并趋于稳定，产量不会有太大的波动（见图3-25）。

2009年，中国首次成为世界最大的汽车生产国，总产量达到1379.1万辆。随着我国经济的发展和人民生活水平的提高，对交通工具的需求量越来越多，质量要求也会越高。由于铝具有价格低、质量轻、可循环使用等特点，汽车在轻量化的发展趋势下，铝合金材料在交通运输业上的使用量日益迅速增加。尤其是当前国家不断强调节能环保的大背景下，铝合金材料的发展空间还会进一步扩大。随着技术的进步，汽车逐渐向着轻质化的方向发展，据统计数据测算，若减轻

10%的汽车自身重量，燃料消耗可相对减少 6%~8%，而质量较轻的铝制品无疑是其最佳材料。据美国铝业的研究数据，以 50 万辆较大型的公共汽车来测算，如果用铝代钢，则每辆汽车的重量可以大约减轻 1 吨，每年就可以节约 24 亿升燃料，同时还能大幅减少温室气体的排放。因此，单位汽车用铝量将会不断提升，由 2010 年的 127.5 千克/辆上升到 2015 年的 200 千克/辆。铝材料需求量会随着单位原铝用量和汽车总量的全面增长产生稳定的大幅增加。汽车制造业对原铝的需求一直是并且仍将是推动交通运输领域需求增长的关键动力，2020 年、2025 年和 2030 年汽车占交通运输与机械制造原铝用量的比例为 56%~57%。

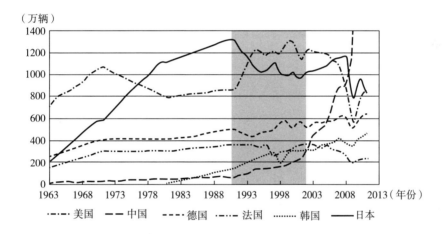

图 3-25　主要国家汽车生产历史

资料来源：中国国家统计局，美国统计局，日本统计局，世界汽车工业协会。

随着"以铝代钢"的推进，集装箱原铝用量持续增加，预计 2020 年、2025 年和 2030 年中国集装箱原铝用量分别为：80 万吨、120 万吨和 130 万吨，分别约占交通运输与机械制造领域原铝用量的 6%、9% 和 11%，呈现逐渐升高的趋势。

综上，预计 2020 年、2025 年和 2030 年中国交通运输与机械制造原铝用量分别约达到 1412 万吨、1401 万吨和 1229 万吨（见表 3-6）。

表 3-6　我国交通运输与机械制造领域原铝用量预测　　　单位：万吨

	2020 年	占比（%）	2025 年	占比（%）	2030 年	占比（%）
汽车	750	53	740	53	630	51
摩托车	100	7	90	6	88	7
自行车	42	3	46	3	45	4
轨道车辆	150	11	140	10	110	9
集装箱	80	6	120	9	130	11
航空航天	30	2	25	2	26	2
船舶	60	4	80	6	50	4
其他	200	14	160	11	150	13
合计	1412	100	1401	100	1229	100

3. 电力部门

目前，我国有色金属资源进口量巨大，尤其是铜矿石。铜矿资源的对外依存度长期高于铝土矿资源，且还存在提高的趋势，导致铜铝资源近年来的价格差不断扩大。另外，在电力领域广泛应用的铜铝复合材和铝合金电缆，随着它们的电气性能、安全性能不断提升及良好表现，"以铝节铜"工作才得以在电力领域大力推进，有利于铝土矿和铜矿资源的优化配置，以及对于化解电解铝产能过剩具有一定的现实意义（见图 3-26）。

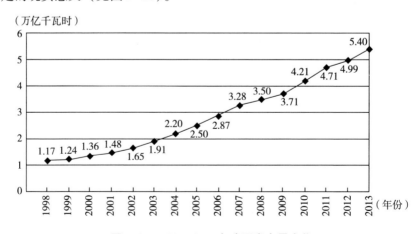

图 3-26　1998~2013 年我国发电量变化

资料来源：国家统计局。

未来我国电力消费将快速增长，预计 2020 年和 2030 年电力需求将达到 8.6 万亿千瓦时和 12.6 万亿千瓦时。根据铝行业协会和铝行业发展规划数据，中国单位新增发电量原铝用量为 4.5 克/千瓦时，未来单位新增发电量原铝用量仍会增加，电力部门原铝需求量将会持续增加。

以 2017~2030 年每年平均新增发电量为 0.45 万千瓦时计算，每年需消耗原铝 202.5 万吨，结合实际部门其他原铝用量。预计 2020 年、2025 年和 2030 年我国电力部门原铝需求量分别约为 320 万吨、330 万吨和 320 万吨，占原铝需求量的比例分别为 9%、9% 和 10%。

4. 包装部门

2014 年中国包装行业原铝消费 165 万吨，占消费总量的 9%，是第五大消费部门。美国、日本的包装行业原铝消费历史表明，随着经济的发展，包装行业人均用铝量呈快速上升趋势，当人民生活达到较高水平之后趋于稳定并下降。目前中国包装行业人均用铝量 1.25 千克，与美国和日本的 7 千克和 3.5 千克相比，仍有较大上升空间。预计中国包装行业仍将快速发展，原铝用量会持续增长。预计到 2025 年，我国人均 GDP 将达到峰值，结合我国经济发展规模和相关国情，我国人均包装原铝消费量将达到约 2.5 千克，届时，包装行业原铝消费量将达到 315 万吨，随后开始缓慢下降。预计 2020 年、2025 年和 2030 年包装原铝需求量分别为 320 万吨、330 万吨和 280 万吨，占原铝需求量的比例分别约为 9%、9% 和 8%（见图 3-27）。

5. 家电通信部门

2014 年，我国家电行业原铝消费量为 171 万吨，占中国总消费量的 9% 左右，与美国、日本等国家相比，中国人均拥有量还有一定差距。素有"世界加工厂"模式称号的代表性产业是家电产业，该产业具有明显的特点：产业转移和替代，目前中国依然是世界家电生产中心。预计未来 5~10 年，中国家庭家电拥有量将不断上升，中国的家电产业随着房地产产业的繁荣仍有较大发展空间。届时中国家电产品（主要是冰箱、空调、洗衣机和电视）的产量将会陆续达到顶点，随着之后经济的发展和人民生活水平的提高，家用产业将向周边国家及其他地区转移。此时，中国家电行业的原铝需求量才会随之下降（见表3-7）。

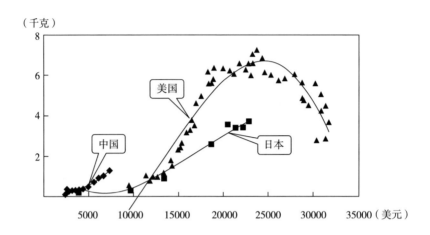

图3-27　中国人均包装行业原铝用量变化

资料来源：GGDC，中国有色金属工业协会，日本铝业协会，USGS。

表3-7　家电通信主要产品用铝量

行业单位	冰箱（千克/台）	洗衣机（千克/台）	空调（千克/台）	电视（千克/台）
原铝用量	7.0	1.5	4.6	2.5

资料来源：铝行业协会。

结合发达国家的相关经验，预计到2025年，我国每百户家庭拥有冰箱数将达到89.3台，洗衣机数将达到109.0台，空调数将达到198.4台，电视数将达到133.0台。届时，家电通信原铝消费量将达到330万吨左右，占中国消费总量的10%左右。预计2020年、2025年和2030年家电通信原铝需求量分别约为350万吨、340万吨和300万吨（见图3-28）。

6. 其他领域原铝需求量

近年来，原铝需求领域不断扩大，未来科技发展也将扩展原铝消费领域，增加原铝需求量。如铝—空气电池的研发，该电池属于新型高能、高效、污染的化学电源，采用铝—空气电池后，能够明显提高车辆里程。随着对铝性能的进一步研究开发，铝的应用领域将会不断拓展。预计 2020 年、2025 年和 2030 年其他领域原铝需求量分别为 180 万吨、230 万吨和 300 万吨，分别占部门消费总量的5%、6%和9%（见表 3-8）。

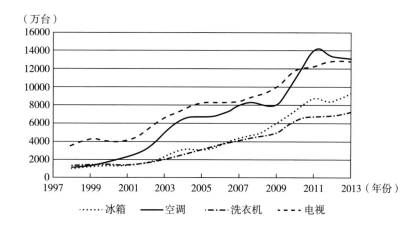

图 3-28　我国部分家电产量变化

资料来源：国家统计局。

表 3-8　铝部门消费法预测结果　　　　　　　　　　单位：万吨

序号	消费部门	2020 年	占比（%）	2025 年	占比（%）	2030 年	占比（%）
1	建筑	900	26	920	26	860	26
2	交通运输与机械制造	1412	41	1401	39	1229	37
3	电力	320	9	330	9	320	10
4	包装	320	9	330	9	280	9
5	家电通信	350	10	340	10	300	9
6	其他领域	180	5	230	6	300	9
	合计	3482	100	3551	100	3289	100

综上，预计 2020 年、2025 年和 2030 年我国原铝需求量分别约为：3482 万

吨、3551 万吨和 3289 万吨。其中，交通运输与机械制造为原铝需求最大的领域，占原铝消费总量的 37%~41%；建筑领域原铝需求量占需求总量的比例为 26%；这两个领域占原铝需求总量的比例在 63%~67%；电力、包装、家电通信领域约占 9%，基本持平；其他领域因为存在不确定因素，占比由 5% 增加到 9%。

（三）原铝需求预测结果汇总

综合挤压型"S"形模型法和部门消费法可以得出，我国原铝消费的峰值将在 2023 年前后达到，届时原铝消费量约 3700 万吨。预计 2020 年、2025 年和 2030 年的原铝需求分别是 3500 万吨、3600 万吨和 3300 万吨。中国原铝消费轨迹具有前移的特征，这符合原铝较早地大规模应用于中国工业化进程（美国、日本等发达国家工业化中后期才开始大规模用铝）和中国压缩式快速工业化发展模式的事实（见表 3-9）。

表 3-9　2015~2030 年我国原铝需求量预测结果　　　　单位：万吨

预测方法	预测时点	2015 年	2020 年	2023 年*	2025 年	2030 年
"S"形模型法	高增长情景	3100	3900	3743	3641	3400
	参考情景		3500	3700	3581	3300
	低增长情景		3294	3416	3500	3200
部门消费法		3100	3482	—	3551	3289
综合结果		3100	3500	3700	3600	3300

注：＊代表 2023 年为参考情景下原铝需求峰值点。

1950~2016 年，我国原铝累计消费量超过 2 亿吨。其中，1950~1977 年累计消费量 487 万吨，年均 17.4 万吨。1978 年中国原铝消费量 50.79 万吨，2015 年原铝消费量接近 3100 万吨，2016 年增至 3177 万吨。预计 2017~2030 年原铝累计需求量 5.49 亿吨。

需要说明的是，全铝需求量应为原铝需求量与再生铝供应量之和（进出口贸易量基本平衡），再生铝的供应量将在第六章铝资源循环利用潜力中进行预测，由此得出 2017~2030 年中国全铝需求量及峰值。

六、小结

本章首先介绍了中国铝土矿的资源禀赋，进而使用铝元素的代谢模拟方法——物质流分析剖析了中国铝工业生产阶段的各种流量和存量，把生产阶段又细分为三个子阶段，分别计算了二次铝占据总产量的比例以及各个子阶段生产过程中的资源效率和净进口依存度指数。在此基础上，还分析了 20 年来铝的供给和消费状况，同时使用"S"形模型法和部门消费法预测未来 15 年中国的原铝需求。主要发现和结论如下：

（1）1996~2016 年，中国铝生产工业发展迅速，各种主要铝流不断增加，越来越多的废料被回收和再次利用。在铝土矿开采阶段，资源效率指数在缓慢下降，而净进口依存度指数在缓慢上升。在氧化铝生产和原生铝电解阶段，资源效率指数比较高且很稳定，而净进口依存度指数在逐渐下降。虽然在二次铝的开发利用方面表现出强劲的势头，但是数量还是相对较少，最多占据总产量的 20%。

（2）在供给方面，原生铝产量、铝产品总量和铝盘条的年均增长率分别是 15.9%、21.9% 和 25.8%。2014 年铝产品中占据比例较大的是型材、板材和棒材，占据比例较小的是排材、线材和管材。中国的二次铝产业在稳定和快速的发展过程当中，二次铝产量的年均增长率为 25%，可谓是高速增长。1996 年新废二次铝和旧废二次铝分别占据 44.5% 和 55.5%，而到了 2016 年，比例变成了 73.4% 和 26.6%。近 5 年新废二次铝和旧废二次铝的比例稳定在 75% 和 25% 左右。铝土矿、氧化铝和未加工铝的进口量和出口量整体上呈现出增长态势，但是中间过程比较曲折。中国是高端铝产品的出口国和中低端铝产品的进口国，所以必须要寻求贸易结构的转型。

（3）在消费方面，20 年来，中国铝消费量呈现指数增长，2008 年以来一直是全球铝消费最多的国家。消费结构中变化最大的是耐用消费品，其他铝产品的消费量变化不大，主要还是用于建筑和交通方面。

（4）综合挤压型"S"形模型法和部门消费法可以得出，中国原铝消费需求将在 2023 年前后达到峰值，届时原铝消费量约 3700 万吨。预计 2020 年、2025 年和 2030 年的原铝需求分别是 3500 万吨、3600 万吨和 3300 万吨。

第四章 中国铝资源的供给结构与安全保障度

一、供给结构与安全保障度测算模型

（一）中国铝资源供给结构模型设定

经过以上综合分析，本章的供给结构模型（见图4-1）仅包括三个部分：国内原生铝供给、国内二次铝供给、贸易补偿供给，因此对供给结构的测算即是计算这三者的供给量分别在总消费量与库存量的总和中所占据的比例。

在模型设定中，每一部分又包括一些子部分，在分析这三个部分的同时，也会分析子部分的供给情况以及变化趋势。国内原生铝供给部分会分析资源储量、铝土矿、氧化铝、原生铝和相关铝产品（板材、带材、排材、管材、棒材、箔材、线材、型材、其他材和铝盘条）的概况，这5个子部分是在国内采矿、冶炼、加工和制造过程中相继出现的含铝物质，它们的质量是不独立的，是重叠的，因此不能进行加减运算。国内二次铝供给部分分析3个子部分的概况：国内二次铝产量、新废料和旧废料的回收量。同样地，这 3 个子部分也不能进行加减运算，因为二次铝是由重新拆解、处理和冶炼新废料和旧废料而得到的，所以二次铝的总产量等于从新废料加工而来的二次铝量加上从旧废料加工而来的二次铝量。贸易部分包括 6 个子部分：铝土矿、氧化铝、未锻造铝（未加工铝）、相关的铝产品（铝粉、铝条杆型材、铝丝、铝板带、铝箔、铝管、铝制管子附件）、铝金属制成品和废料，这些都是参与贸易的含铝物质的种类。因为本节内容主要是分析铝资源的供给状况，所以在分析的过程中采用的都是净进口量，而未加工铝因为出口量基本大于进口量，净进口量基本是负值，为了避免计算时不必要的麻烦，本节在分析过程中采用净出口量。

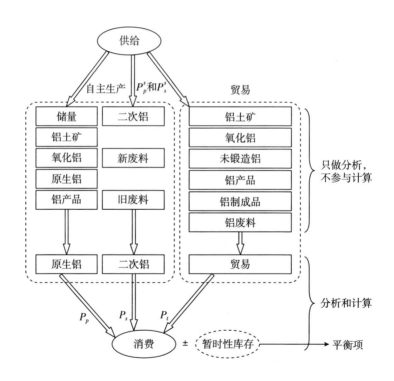

图 4-1　中国铝资源供给结构研究模型设定

在测算供给结构比例时，国内原生铝供给部分使用原生铝产量、国内二次铝供给部分使用二次铝产量、贸易供给部分使用未加工铝的净进口量。库存是当年生产和贸易满足国内消费后剩余的部分，供下一年或者是资源短缺年份使用。因此总方程式是：

国内原生铝产量+国内二次铝产量+未加工铝的净进口量=国内消费量+库存

用 P_p，P_s 和 P_t 分别代表国内原生铝产量、国内二次铝产量、未加工铝的净进口量占据的比例或份额，暂时性库存只是当年供给和消费需求差异的平衡项，这就是中国的铝资源供给结构。

（二）中国铝资源安全保障度测算模型

供给结构是铝的三大供给来源（原生铝供给、二次铝供给、贸易补偿供给）所占消费量与库存量总和的比例，但是究其根本，这些供给来源（除贸易供给外）的原材料（铝土矿和铝废料）也不全是自产的，有很大一部分都是从国外进口的，铝土矿的进口依存度长期保持在50%左右，而铝废料的进口量也将近有一半都是来自其他国家（见图4-2和图4-3），且进口来源地非常集中，在如今

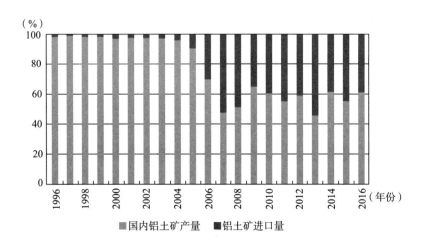

图4-2　1996~2016年中国铝土矿的来源占比

资料来源：中国有色金属工业年鉴。

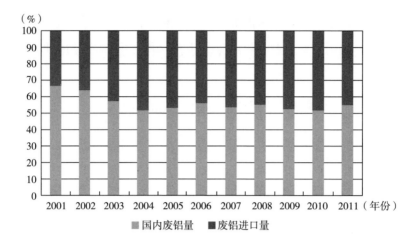

图 4-3　2001～2011 年中国铝废料的来源占比

资料来源：中国有色金属工业年鉴。

复杂的国际政治经济关系下以及全球面临着不同程度的资源短缺的背景下，中国铝资源的供给将面临严峻的挑战和供给危机。

本章以安全保障度这个指标来量化这种供给危机的大小，计算公式如下：

$$P_p^s = P_p \times \frac{D_b}{(D_b + NI_b)} \quad P_s^s = P_s \times \frac{D_s}{(D_s + NI_s)} \qquad (4-1)$$

$$P_p^s = P_p \times \frac{D_b}{(D_b + I_b)} \quad P_s^s = P_s \times \frac{D_s}{(D_s + I_s)} \qquad (4-2)$$

$$TSG = P_p^s + P_s^s \qquad (4-3)$$

其中，TSG 表示铝的总安全保障度，P_p^s 和 P_s^s 表示国内自主生产的原生铝和二次铝的比例，D_b 和 D_s 分别代表本国铝土矿产量和铝废料产量，NI_b、I_b、NI_s 和 I_s 分别表示净进口的和进口的铝土矿量和铝废料量。由于铝土矿和铝废料的出口量非常少，因此它们的净进口量可以直接使用进口量代替，式（4-1）可以写成式（4-2）。将数据代入式（4-1）至式（4-3）中计算出 1996～2016 年中国铝资源的总安全保障度。本书中的安全保障度是指中国铝资源的自给自足程度，由于进出口基本平衡，所以在总安全保障度计算方程式中没有出现 P_t。

二、供给结构与安全保障度结果分析

1996~2016 年，国内原生铝产量占据总量（包括消费量和暂时性库存量）的比例逐渐升高，然后又下降，2010 年以后稳定在 80% 左右的比例（见图 4-4）。国内生产的原生铝基本上可以满足国内需求，尤其是 1998 年、2002 年和 2003年。然而在 2006 年以后，用来生产原生铝的铝土矿有一半都是从其他国家进口而来的，并且这个比例还有逐渐增加的趋势。这就导致了自主生产的原生铝的产量比例下降，2007 年以后稳定在 40%~50% 的水平，2011 年只有大约 34%（见图 4-5）。目前，国际关系日益复杂，如果某些国家切断铝土矿供应（就像印度尼西亚在 2014 年的做法一样），中国将只能自主生产一半的原生铝，也就是需求

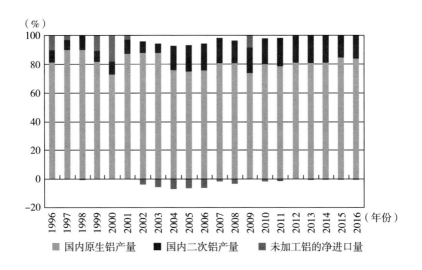

图 4-4　1996~2016 年中国铝资源的供给结构

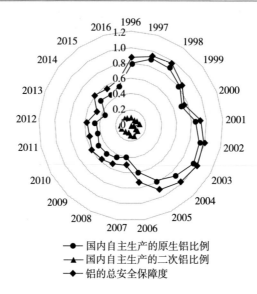

国内自主生产的原生铝比例
国内自主生产的二次铝比例
铝的总安全保障度

图4-5　1996~2016年中国铝资源的安全保障度

量的40%~50%，将远远不能满足国内生产和建设需要，否则就需要付出更大的经济成本和代价。另外，进口大量的铝土矿在国内生产原生铝会消耗大量的能源，带来环境污染和生态退化。

值得庆幸的是，国内二次铝的产量比例在该期间逐年增加，2004年以后稳定在15%~20%的水平，这是资源循环和可持续发展理念在铝产业的良好开端。然而与铝土矿相似，用来生产二次铝的废料基本上一半都是从别的国家进口而来的，导致二次铝的自主生产比例也基本上下降了一半，2004年以后一直在10%左右徘徊。

未加工铝净进口量的供给比例没有规律的模式，并且有负值存在。未加工铝的出口量基本上多于进口量，中国是未加工铝的出口国，这意味着国内的原生铝生产可以满足国内需求，并且能供给其他的国家。2010年之后，未加工铝在贸易量上基本处于平衡的状态，对总安全保障度没有太大影响。

安全保障度在逐渐下降。1996~1998年，中国铝工业完全可以自给自足；但是到了 2006 年之后，中国铝资源的安全保障度基本上是 50% 左右，2007 年和 2013 年只有 48%，而 2014～2016 年安全保障度在 60% 左右。安全保障度基本可以分为 4 个等级（罗建川，2006）：可以保障（≥100%）、基本保障（70%～100%）、短缺（40%～70%）和严重短缺（≤40%）。虽然近几年中国铝资源的总供给保障程度有所提高，但是仍然处于较低的水平。并且我国铝资源的保障度从之前的基本保障到现如今的短缺仅用了短短的几年时间，而且有些年份接近于严重短缺的状态，存在着资源约束问题。另外，从整个供应链的角度来看，中国铝工业的上游原材料是严重短缺的，下游产品是可以基本满足国内需求的，所以资源约束是影响中国铝工业可持续发展的重要因素，必须引起高度重视。这同时也为从依靠地下资源转变为依靠"地上资源"，即铝资源的循环利用奠定了坚实的实践基础。

三、小结

中国的铝土矿资源本身就不是很丰富，而且品位也比全球很多国家低，国内工业化和城镇化的快速发展，使得铝资源需求量在之前的 20 年增长剧烈。现如今，为了满足国内需求，中国必须进口大量的原材料（铝土矿和铝废料）；另外，日益复杂的国际关系意味着一旦某些国家的出口政策改变，那么铝资源的供给危机将威胁着中国经济社会的发展。本章主要是在第三章大量数据分析的基础上，计算了铝资源的供给结构和安全保障度，主要的结果和发现如下所示：

（1）1996 年，满足中国铝消费的供给结构是：原生铝 81.5%，二次铝 8.3%，贸易 10.2%；而到了 2016 年，它们分别是 84.7%、15.5% 和 -0.2%。总体来说，中国铝资源的供给结构基本上包括了 80% 的原生铝和 20% 的二次铝，但是二次铝产量增长迅速，比例增加的潜力比较大。

（2）铝土矿和铝废料的进口比例都在 50%左右，导致自主生产的原生铝和二次铝在供给结构中的比例下降到 51.8%和 10.3%，所以国内铝资源的总安全保障度从 1996 年的 87.7%下降到 2016 年的 62.1%，从 2006 年之后的期间基本上在 50%左右徘徊，2007 年和 2013 年还不到 50%，处于短缺的状态之中，资源约束问题实际存在。

第五章　中国铝资源可持续保障评价

　　自然资源的安全保障问题是当前人类社会各群体普遍关注并且高度重视的热点问题之一，尤其是矿产资源的可持续开发利用。铝具备良好的特性以及其他金属所没有的属性，因此自从其成为工业金属以来，它的生产量很快就超过其他有色金属的产量之和。与其他有色金属相比，铝土矿资源较丰富，价格相对较低，"以铝代钢""以铝节铜"已经成为事实，这将进一步推动铝的生产量和消费量（中国铝业网，2015）。中国作为铝的产销大国，必将受到这一潮流的影响，产量和消费量还将持续增加。另外，就我国自身而言，改革开放以来城镇化率不断攀升与宜居城市的建设，近些年及未来建筑行业与基础设施的大力推进，汽车消费量增长迅速以及对汽车轻量化的要求，居民生活水平及消费水平的提高等，都将加大对铝资源的需求。但是中国铝资源的保障却处于短缺的不可持续的状态，那么是什么因素导致了这一现状，今后需要在哪些方面加大努力，才能优化铝资源的供给结构，提高其安全保障度，从而保障其安全、可持续供应呢？

　　解决这一问题就需要对中国铝资源的保障做出可持续性方面的评价，找到评价得分较低的关键的影响因素，进而从这些方面入手去解决问题。本书运用TOPSIS评价法来评价中国铝资源的可持续保障问题。此外，从协调发展理念出发，测算与评价1996~2018年中国铝工业系统与整个经济社会系统的耦合关系与协调状况，由此能够清晰了解铝工业与经济社会系统之间的耦合关系具体是怎样的？耦合协调程度有多大？它们分别有什么样的变化趋势？如果耦合协调程度较低，具体是什么原因造成这种现象？从而可以通过中国经济社会整体高质量发展来带动铝工业的可持续发展，为铝工业发展提供新的实现路径。

一、TOPSIS 评价法（逼近理想解排序法）

TOPSIS 是 Technique for Order Preference by Similarity to Ideal Solution 的缩写，即逼近于理想解的技术，它是工程中的一种常用方法，用来对有限方案进行多目标决策分析。它是由 C L Hwang 和 K Yoon 于 1981 年首次提出，是根据有限个评价对象与理想化目标的接近程度进行排序的方法，是在现有的对象中进行相对优劣的评价。

（一）TOPSIS 评价法的基本原理与计算步骤

TOPSIS 评价法是对归一化后的原始数据矩阵继续进行处理，找到备选方案中的最优方案和最劣方案（这里是采用最优向量和最劣向量来表示），然后分别计算所有评价方案与最优方案和最劣方案的距离，以此来表示各评价对象与最优解的相对接近程度，也即评价优劣的依据。

TOPSIS 评价法的基本思路是首先定义决策问题的理想解和负理想解，其次在所有的备选方案中找到一个相对最佳的方案，使其与理想解的距离最近，与负理想解的距离最短。所谓的理想解指的是设想中最好的方案，它所包含的各个属性一般是所有评价方案中的最佳值，而负理想解一般是设想中最坏的方案，它所包含的各个属性不优于所有评价方案中的最劣值。将决策目标的实际可行解与理想解和负理想解作对比，如果其最靠近理想解，而且远离负理想解，则是方案集中的满意解。

TOPSIS 评价法中实际可行解与理想解和负理想解的距离采用相对接近测度。设决策问题有 m 个目标 f_j（$j=1$，2，$\cdots$，m），n 个可行解 $Z_i=(Z_{i1}$，Z_{i2}，$\cdots$，$Z_{im})$（$i=1$，2，$\cdots$，n）；并设该问题的规范化加权目标的理想解是 Z^+，其中，$Z^+=(Z_1^+$，Z_2^+，$\cdots$，$Z_m^+)$，

那么用欧几里得范数作为距离的测度，则从任意可行解 Z_i 到 Z^+ 的距离为

$$S_i^+ = \sqrt{\sum_{j=1}^{m}(Z_{ij}-Z_j^+)^2}\ ,\ i=1,\ 2,\ \cdots,\ n \tag{5-1}$$

其中，Z_{ij} 是第 j 个目标对第 i 个方案（解）的规范化加权值。

同理，设 $Z^-=(Z_1^-$，Z_2^-，$\cdots$，$Z_m^-)^T$ 是问题的规范化加权目标的负理想解，则任意可行解 Z_i 到 Z^- 之间的距离为

$$S_i^- = \sqrt{\sum_{j=1}^{m}(Z_{ij}-Z_j^-)^2}\ ,\ i=1,\ 2,\ \cdots,\ n \tag{5-2}$$

那么，某一可行解对于理想解的相对接近度定义为

$$C_i = \frac{S_i^-}{S_i^-+S_i^+},\ 0 \leqslant C_i \leqslant 1,\ i=1,\ 2,\ \cdots,\ n \tag{5-3}$$

于是，如果 Z_i 是理想解，则相对接近度 $C_i=1$；相反，如果 Z_i 是负理想解，则相对接近度 $C_i=0$。也就是说，C_i 的值越接近于 1，则该解越靠近理想解；而 C_i 的值越接近于 0，则该解越靠近负理想解。利用 C_i 的值并将其进行排队，就可以得到满意解。

利用 TOPSIS 评价法进行方案的优劣评价一般包括五个基本步骤：

（1）设所要评价的目标问题的原始数据决策矩阵为 A，由此矩阵经过归一化处理可以得到规范化的决策矩阵 Z'，其矩阵中的元素为 Z'_{ij}，并且满足条件

$$Z'_{ij} = \frac{f_{ij}}{\sqrt{\sum_{i=1}^{n}f_{ij}^2}}\ ,\ i=1,\ 2,\ \cdots,\ n;\ j=1,\ 2,\ \cdots,\ m \tag{5-4}$$

其中，f_{ij} 是由决策矩阵 A 决定的。

$$A = \begin{bmatrix} f_{11}, & f_{12}, & \cdots, & f_{1m} \\ f_{21}, & f_{22}, & \cdots, & f_{2m} \\ \vdots & \vdots & \cdots & \vdots \\ f_{n1}, & f_{n2}, & \cdots, & f_{nm} \end{bmatrix} \qquad (5-5)$$

（2）在决策矩阵 Z' 的基础上，构造规范化的加权决策矩阵 Z，它的矩阵元素 Z_{ij} 需要满足

$$Z_{ij} = W_j Z'_{ij}, \quad i=1, 2, \cdots, n; \ j=1, 2, \cdots, m \qquad (5-6)$$

其中，W_j 为第 j 个决策目标的权。

（3）根据决策矩阵确定决策目标的理想解和负理想解。由于决策矩阵中 Z_{ij} 的值越大表示对该方案和该指标的评价越好，因此理想解和负理想解由以下矩阵来表示：

$$Z^+ = (Z_1^+, Z_2^+, \cdots, Z_m^+) = \left\{ \max_i Z_{ij} \middle| j=1, 2, \cdots, m \right\} \qquad (5-7)$$

$$Z^- = (Z_1^-, Z_2^-, \cdots, Z_m^-) = \left\{ \min_i Z_{ij} \middle| j=1, 2, \cdots, m \right\} \qquad (5-8)$$

（4）运用式（5-1）和式（5-2）分别测算每种备选方案到理想解和负理想解的相对距离，以表示该方案对于最好和最坏决策目标的距离大小。

（5）运用式（5-3）计算每个方案的相对接近度，并进行大小排序，以得到相对满意的最佳方案。也可以从评价结果中获得相对薄弱的指标，从而为决策者提供决策依据，为之后的发展指明方向。

（二）中国铝资源 TOPSIS 评价法评价

中国铝工业在近些年的快速发展过程中，对铝资源的开发利用可以说是盲目掠夺式的。那么最直接和严重的后果就是资源短缺和耗竭，环境污染和生态退化。从第四章的测算结果来看，虽然中国铝资源在表面上来说是生产过剩，但是其安全保障度（自给自足程度）却相对比较低，这会存在比较大的安全隐患，供应风险和危机随时都可能发生，届时对国家经济政治建设带来严重影响。因此

本章在前面大量数据分析的基础上，构建 TOPSIS 多目标评价决策模型对中国铝资源的可持续保障状况做出评价，并且希望通过评价能够找到铝资源可持续供应的影响因素，为之后的对策研究提供依据。

　　本章选择 1996 年、2000 年、2005 年、2010 年和 2015 年作为中国铝资源可持续保障评价的备选方案，将铝土矿产出量、铝土矿进口量、尾矿、氧化铝产量、氧化铝进口量、氧化铝出口量、赤泥、原铝产量、原铝进口量、原铝出口量、熔渣、二次铝产量作为中国铝资源可持续保障的相关评价指标（见表 5-1）。铝土矿的出口量太小，本章忽略不计。

表 5-1　中国铝资源可持续保障评价指标及原始数据　　　　单位：万吨

年份 指标	1996	2000	2005	2010	2015
铝土矿产出量	287.67	319.33	531.68	1193.53	1782.00
铝土矿进口量	5.50	10.42	55.96	784.20	1441.83
尾矿	36.06	40.56	72.28	243.26	396.53
氧化铝产量	134.80	229.13	451.88	1538.70	3122.30
氧化铝进口量	60.25	98.58	366.18	226.18	242.52
氧化铝出口量	0.32	0.50	1.25	2.98	2.10
赤泥	7.03	11.81	29.49	63.60	121.39
原铝产量	176.56	278.57	778.26	1619.54	3101.17
原铝进口量	29.32	91.14	63.51	36.37	15.22
原铝出口量	7.19	20.85	113.89	19.34	2.96
熔渣	6.54	11.48	23.95	53.84	102.43
二次铝产量	17.98	33.52	194.00	380.00	567.00

资料来源：中国有色金属工业年鉴。

　　在原始数据指标中，铝土矿产出量、氧化铝产量、原铝产量和二次铝产量这 4 个指标，其数值是越高越好，表示对决策目标的贡献是正向的，被称为高优指标；而其他几个指标的数值，对决策目标的贡献是负向的，数值相对较低的指标性质较好，因此被称为低优指标。要使评价的结果更加可信、更有说服力，需要统一指标性质，将低优指标转化为高优指标。转化的方法是：相对数低优指标，要使用差值法（1-指标值）；绝对数低优指标，要使用倒数法$\left(\dfrac{100}{\text{指标值}}\right)$。本章中的低优指标全部使用倒数法来转化，转化后的数据指标如表5-2所示。

表5-2 中国铝资源可持续保障评价指标及转化数据

指标＼年份	1996	2000	2005	2010	2015
铝土矿产出量	287.67	319.33	531.68	1193.53	1782.00
铝土矿进口量	18.17	9.59	1.79	0.13	0.07
尾矿	2.77	2.47	1.38	0.41	0.25
氧化铝产量	134.80	229.13	451.88	1538.70	3122.30
氧化铝进口量	1.66	1.01	0.27	0.44	0.41
氧化铝出口量	314.90	198.30	79.81	33.54	47.60
赤泥	14.23	8.47	3.39	1.57	0.82
原铝产量	176.56	278.57	778.26	1619.54	3101.17
原铝进口量	3.41	1.10	1.57	2.75	6.57
原铝出口量	13.90	4.80	0.88	5.17	33.77
熔渣	15.30	8.71	4.18	1.86	0.98
二次铝产量	17.98	33.52	194.00	380.00	567.00

由式（5-4）对指标数据进行归一化处理，得到归一化指标矩阵值（见表5-3）。

表5-3 中国铝资源可持续保障评价的归一化指标矩阵值

指标＼年份	1996	2000	2005	2010	2015
铝土矿产出量	0.13	0.14	0.24	0.53	0.79
铝土矿进口量	0.88	0.47	0.09	0.01	0.00

续表

指标＼年份	1996	2000	2005	2010	2015
尾矿	0.70	0.62	0.35	0.10	0.06
氧化铝产量	0.04	0.07	0.13	0.44	0.89
氧化铝进口量	0.81	0.49	0.13	0.22	0.20
氧化铝出口量	0.82	0.52	0.21	0.09	0.12
赤泥	0.84	0.50	0.20	0.09	0.05
原铝产量	0.05	0.08	0.22	0.45	0.86
原铝进口量	0.42	0.14	0.19	0.34	0.81
原铝出口量	0.37	0.13	0.02	0.14	0.91
熔渣	0.84	0.48	0.23	0.10	0.05
二次铝产量	0.03	0.05	0.27	0.53	0.80

从归一化后的指标矩阵中可以得到方案中每个指标的理想解和负理想解，进而可以由式（5-7）和式（5-8）得到最优方案即式（5-9）和最劣方案即式（5-10）。

$$Z^+ = (Z_1^+, Z_2^+, \cdots, Z_m^+)$$

$$= (0.79, 0.88, 0.70, 0.89, 0.81, 0.82, 0.84, 0.86, 0.81, 0.91,$$

$$0.84, 0.80) \tag{5-9}$$

$$Z^- = (Z_1^-, Z_2^-, \cdots, Z_m^-)$$

$$= (0.13, 0.00, 0.06, 0.04, 0.13, 0.09, 0.05, 0.05, 0.14, 0.02,$$

$$0.05, 0.03) \tag{5-10}$$

由式（5-1）和式（5-2）、最优方案、最劣方案，计算各方案即各年度与最优方案和最劣方案的距离 D^+ 和 D^-（见表5-4）。然后由式（5-3）计算各备选方案对于理想解的相对接近度 C_i（见表5-4）。

表5-4 不同年度各指标与（负）理想解的距离及相对接近度

年份	D^+	D^-	C_i
1996	1.69	1.90	0.529

续表

年份	D^+	D^-	C_i
2000	1.99	1.11	0.359
2005	2.26	0.52	0.186
2010	2.11	0.89	0.298
2015	1.81	1.91	0.513

（三）中国铝资源 TOPSIS 评价法评价结果分析

从最终评价结果来看，1996 年和 2015 年中国铝资源的可持续保障情况较其他年份相对好一些。其中，1996 年各项指标得分较高的有铝土矿进口量、尾矿、氧化铝进口量、氧化铝出口量、赤泥和熔渣，这些都是低优指标，因此 1996 年这些指标的绝对数值都相对比较小，也是推动该年中国铝资源可持续发展的因素。而 2015 年得分较高的指标有铝土矿产出量、氧化铝产量、原铝产量、二次铝产量，这些都是高优指标，因此 2015 年这些指标的绝对数值都相对比较大，可以充分表明 2015 年国内的铝资源非常丰富，可以满足消费需求。另外，得分较高的指标还有原铝进口量和原铝出口量，这两个指标是低优指标，因此其绝对数值都相对比较小。原铝出口量逐渐缩小说明我国在逐步调整出口结构，要改变原铝制造中心的现状，对中国可持续发展的影响是正向的。而 2005 年的评价结果是最差的，由于其高优指标的数值都相对较小，低优指标的数值却相对稍微大一些，因此其与理想解的距离远远大于与负理想解的距离，导致相对接近度比较小。2000 年和 2010 年的可持续保障处于中间水平。

虽然 1996 年和 2015 年中国铝资源的可持续保障状况比其他年份稍微好一些，但这只是与本国进行比较的相对值，如果与铝土矿资源丰富的国家相比，还是相去甚远。另外，1996 年和 2015 年与理想方案的相对接近度都在 0.5 左右，其他年份更低，因此中国铝工业距离可持续发展的目标还是任重道远。

相对接近度随着时间的趋势是逐渐变小的，即中国铝资源的可持续保障状况越来越差。但是 2015 年却突然增大，主要是由于铝土矿产出量、氧化铝产量、原铝产量和二次铝产量这几个高优指标的贡献。但是铝土矿产出量、氧化铝产量、原铝产量这三个高优指标是建立在低优指标铝土矿进口量的基础上的，主要表现为铝土矿进口量越来越大，进口依存度越来越高，这会造成"虚假繁荣"的景象。另外，值得注意的一点是二次铝产量逐渐增加，2015 年的二次铝产量是该指标在所有备选方案中的理想解，因此二次铝产量对铝资源可持续保障目标的贡献相对比较大。

在当今政治经济不稳定的国际形势下，资源的安全保障显得尤为重要，也是迫在眉睫需要系统解决的问题。中国铝土矿的资源禀赋较差，但各种资源产品的产量和消费量却非常高，生产这些产品的原材料将长期处于短缺的状态之中，供给中断危机特别容易发生。而从评价结果来看，资源的循环利用不失为一种保证铝资源可持续供应的有效方法。

二、中国铝工业与经济社会系统的耦合协调发展评价

上述 TOPSIS 多目标评价决策模型对中国铝资源的可持续保障状况做出评价，希望通过评价能够找到铝资源可持续供应的关键影响因素，为之后的对策研究提供依据。从目前的评价结果来看，二次铝产量对我国铝资源可持续保障目标的贡献相对比较大，也就是说，资源的循环利用不失为一种促进铝资源可持续供应的有效方法。但这只是运用各种含铝物质的产出量与贸易量，在铝工业内部得出的评价结果，至于铝工业在整个社会环境中处于怎样的地位、与其他社会事业的关系如何、其他社会事业如何更好促进铝工业的可持续发展等问题都没有得到解决。本节针对这些问题，构建中国铝工业与经济社会系统的耦合协调发展评价指标体系，以 1996~2018 年中国铝工业子系统与经济社会子系统的面板数据为基

础，对中国铝工业子系统与经济社会子系统 20 多年来的耦合协调发展情况做出评价，从而可以挖掘出发展不协调与薄弱之处，以便更好使铝工业与整个社会环境相协调，更有利于铝工业的可持续发展。

（一）耦合协调发展评价指标体系构建

该指标体系显然包括两个评价系统：铝工业子系统与经济社会子系统（见表 5-5）。铝工业子系统的准则层包含其生产水平（4 个指标）、消费水平（1 个指标）、贸易水平（4 个指标）、能源消耗水平（4 个指标）与未来的发展潜力水平（3 个指标）；经济社会子系统的准则层包含经济发展水平（4 个指标）与社会发展水平（4 个指标）。其中能源消耗水平及铝工业发展潜力水平中的 7 个具体衡量指标不是铝工业的真实数据，而是均以我国有色金属工业相应指标代替，一方面是由于统计数据的限制，另一方面是由于铝工业在整个有色金属工业中的地位，且铝工业是有色金属工业中的耗能耗电大户，因此有色金属工业的相关指标可以反映铝工业的能源消耗水平及发展水平。

表 5-5　我国铝工业与经济社会发展的耦合协调度指标体系

系统层	准则层	指标层	指标含义与来源
铝工业子系统	生产水平	铝土矿产量（万吨）	中国有色金属工业年鉴
		氧化铝产量（万吨）	中国有色金属工业年鉴
		原生铝产量（万吨）	中国有色金属工业年鉴
		二次铝产量（万吨）	中国有色金属工业年鉴
	消费水平	人均消费量（kg/人）	消费总量/总人口，国家统计局
	贸易水平	铝土矿进口比例（%）	铝土矿进口量/（国内产量＋进口量－出口量）×100%
		氧化铝进口比例（%）	氧化铝进口量/（国内产量＋进口量－出口量）×100%
		原生铝进口比例（%）	原生铝进口量/（国内产量＋进口量－出口量）×100%
		废杂铝进口比例（%）	废杂铝进口量/（国内产量＋进口量－出口量）×100%

系统层	准则层	指标层	指标含义与来源
铝工业子系统	能源消耗水平	铝工业电力消耗（亿千瓦时）	以有色金属工业电力消耗代替
		铝工业煤炭消耗（万吨）	以有色金属工业煤炭消耗代替
		铝工业焦炭消耗（万吨）	以有色金属工业焦炭消耗代替
		铝工业燃料油消耗（万吨）	以有色金属工业燃料油消耗代替
	发展潜力水平	铝工业利润总额（亿元）	以有色金属工业利润总额代替
		铝工业进出口贸易额（亿美元）	以有色金属工业进出口贸易额代替
		铝工业固定资产投资（亿元）	以有色金属工业固定资产投资代替
经济社会子系统	经济发展水平	人均国内生产总值（元/人）	国内生产总值/人口数量
		第二产业对GDP的贡献率（%）	第二产业产值/GDP×100%
		货物进出口总额（亿元）	进口总额+出口总额
		全社会固定资产投资额（亿元）	国家统计局
	社会发展水平	城镇化率（%）	城镇人口/人口总数×100%
		城镇居民人均消费水平（元）	城镇居民总消费/城镇人口数量
		农村居民人均消费水平（元）	农村居民总消费/农村人口数量
		大专以上受教育人口比重（%）	大专以上受教育人口/总人口×100%

　　本书的内容范围是衡量两个子系统耦合协调度的相关指标，空间范围是我国大陆地区，时间范围是1996～2018年。数据来源是多种多样的，有来自专业网站、研究文献、相关发展报告的，绝大多数是来自国家统计局网站与《中国有色金属工业年鉴》。

（二）耦合协调发展评价方法基本步骤

1. 系统综合评价值

　　由于上述铝工业子系统与经济社会子系统耦合协调度指标体系的构建具有一定的主观性，且本书挑选的是一些关键评价指标，并没有也不可能覆盖与之相关的所有指标，因此为了增强耦合协调度研究的客观性，本书选取客观赋权法——熵值法来确定指标权重（王然，2019；陈治国，2020），从而使测算的综合评价值更加科学有效。具体计算步骤如下：

（1）数据标准化。

为了消除量纲带来的评价误差，所以需要对各指标进行标准化处理，标准化公式如下：

$$X_{ij}^* = (X_{ij}-X_{\min})/(X_{\max}-X_{\min})（正向指标）$$

$$X_{ij}^* = (X_{\min}-X_{ij})/(X_{\max}-X_{\min})（负向指标） \tag{5-11}$$

其中，X_{ij}^* 为标准化值，X_{ij} 为第 i 年第 j 项指标的数值，$X_{\min}$ 为第 j 项指标的最小值，$X_{\max}$ 为第 j 项指标的最大值，$i=1$，2，$\cdots$，m，$j=1$，2，$\cdots$，n。

（2）熵值计算。

$$E_j = -k \sum_{i=1}^{m} y_{ij}\ln y_{ij} \tag{5-12}$$

其中，$y_{ij}=X_{ij}^*/\sum_{i=1}^{m} X_{ij}^*$，$k=1/\ln(m)$，$E_j$ 代表第 j 项指标的熵值。

（3）熵权计算。

$$\lambda_j = (1-E_j)/(n-\sum_{i=1}^{n} E_j)，\sum_{i=1}^{n} \lambda_j = 1 \tag{5-13}$$

其中，λ_j 为第 j 项指标的熵权（各指标的权重值）。

（4）准则层指标熵权计算。

$$d_r = \sum X_{ij}^* \lambda_j \tag{5-14}$$

其中，d_r 代表第 k 个准则层指标的权重值，λ_j 为该准则层指标下的具体衡量指标的熵权。

（5）系统层综合评价值计算。

$$V = \sum_{r=1}^{k} d_r\lambda_r \tag{5-15}$$

其中，d_r 为准则层指标的权重，k 为准则层指标的个数，V 是系统层的综合评价值，表示该系统在该评价体系下的综合得分情况。

2. 耦合协调度模型构建

令 V_L 与 V_G 分别表示铝工业子系统与经济社会发展子系统的综合评价值，则两者的耦合度模型可以表示为：

$$C = 2 \cdot \left(V_L \times V_G \right)^{\frac{1}{2}} / \left(V_L + V_G \right) \tag{5-16}$$

其中，C 为铝工业与经济社会发展之间的耦合度，$C \in (0,1)$。C 越趋近于 1，表明铝工业与经济社会系统越具有良好的耦合关系与协同效应；反之则越不存在互动关系。为了有效反映两者之间的协调发展程度，倡导社会各项事业的协调发展与政策制定的协调互补性，本节融入协调度概念，进一步建立耦合协调度模型，两者的耦合协调度模型测算公式为：

$$D = \sqrt{C \cdot T} \tag{5-17}$$

其中，$T = \alpha V_L + \beta V_G$，假设铝工业与经济社会发展相互影响、相互作用且地位同等，故令 $\alpha = \beta = 0.5$。耦合协调发展度 D 值越高，说明两个系统耦合协调发展水平越高；反之则耦合协调发展水平越低。

3. 耦合协调度区间及等级划分

参考相关学者的研究成果（易平，2014；陈治国，2020），本书将其划分为十个连续有序的耦合协调度区间，赋予其十个与之相对应的协调等级。耦合协调度区间及等级划分具体如表 5-6 所示。失调与协调状态分别有五个等级（极度失调、高度失调、中度失调、低度失调、略微失调；勉强协调、低度协调、中度协调、高度协调、极度协调），每个等级耦合协调度间隔为 0.1。可以根据我国铝工业与经济社会发展的具体耦合协调度判断 21 世纪以来我国铝工业与其他社会事业的关联关系以及关系的变化趋势，是否存在相互促进、相互支持的局面，两大系统要达到耦合协调关系可以从哪些方面进行改善等问题。

表 5-6　我国铝工业与经济社会发展耦合协调度区间及协调等级划分

耦合协调度等级区间	协调等级	耦合协调度等级区间	协调等级
0.0000~0.0999	极度失调	0.5000~0.5999	勉强协调
0.1000~0.1999	高度失调	0.6000~0.6999	低度协调
0.2000~0.2999	中度失调	0.7000~0.7999	中度协调

续表

耦合协调度等级区间	协调等级	耦合协调度等级区间	协调等级
0.3000~0.3999	低度失调	0.8000~0.8999	高度协调
0.4000~0.4999	略微失调	0.9000~1.0000	极度协调

（三）耦合协调发展评价结果分析

1. 耦合协调度结果

（1）指标权重结果。利用熵值法计算得出我国铝工业与经济社会发展系统评价指标体系中各指标的权重如表5-7所示。通过各指标权重可了解对每个系统贡献最大与最小的指标，从而在之后的发展过程中不仅需要巩固对整个系统贡献度较大的指标，而且要更加注重发展薄弱与瓶颈之处，具有丰富的实践意义。

表5-7　我国铝工业与经济社会发展各指标权重结果

目标层	准则层	指标层	权重
铝工业子系统	生产水平	铝土矿产量（万吨）	0.056045
		氧化铝产量（万吨）	0.07174
		原生铝产量（万吨）	0.059167
		二次铝产量（万吨）	0.060583
	消费水平	人均消费量（千克/人）	0.063674
	贸易水平	铝土矿进口比例（%）	0.062684
		氧化铝进口比例（%）	0.036346
		原生铝进口比例（%）	0.065834
		废杂铝进口比例（%）	0.011964
	能源消耗水平	铝工业电力消耗（亿千瓦时）	0.060643
		铝工业煤炭消耗（万吨）	0.083846
		铝工业焦炭消耗（万吨）	0.069515
		铝工业燃料油消耗（万吨）	0.019859
	发展潜力水平	铝工业利润总额（亿元）	0.147032
		铝工业进出口贸易额（亿美元）	0.054328
		铝工业固定资产投资（亿元）	0.076739

续表

目标层	准则层	指标层	权重
经济社会子系统	经济发展水平	人均国内生产总值（元/人）	0.10323
		第二产业对 GDP 的贡献率（%）	0.037876
		货物进出口总额（亿元）	0.079897
		全社会固定资产投资额（亿元）	0.126644
	社会发展水平	城镇化率（%）	0.045964
		城镇居民人均消费水平（元）	0.096012
		农村居民人均消费水平（元）	0.122169
		大专以上受教育人口比重（%）	0.388208

（2）综合评价值及耦合协调度结果。在熵值法基础上测算的我国铝工业与经济社会系统的综合评价值、耦合度、耦合协调度及协调等级结果如表 5-8 所示。总体来看，铝工业子系统与经济社会子系统的综合评价值逐年上升，且经济社会子系统的综合评价值增加的速度稍快一些；耦合度指数都处在非常高的水平，而耦合协调度指数却比较低，铝工业与经济社会发展子系统的协调等级仍然处在失调状态；但是耦合协调度指数在逐年升高，两大系统之间的发展失调状态也由高度失调过渡到略微失调。

表 5-8 1996~2018 年我国铝工业与经济社会发展子系统的综合评价值及耦合协调度

年份	铝工业子系统	经济社会子系统	耦合度	耦合协调度	协调等级
1996	0.013317111	0.013167548	0.999984055	0.115074402	高度失调
1997	0.012640811	0.015467818	0.994929547	0.118249959	高度失调
1998	0.013579751	0.01890402	0.986476045	0.126578952	高度失调
1999	0.017058595	0.020958773	0.994723791	0.137507781	高度失调
2000	0.023826238	0.027929652	0.99685207	0.160612836	高度失调
2001	0.020619803	0.025829065	0.993691237	0.151914176	高度失调
2002	0.023480381	0.033309315	0.984908472	0.167231356	高度失调
2003	0.031517655	0.044905094	0.984537116	0.19396009	高度失调
2004	0.035614318	0.051540971	0.983161497	0.20698759	中度失调

续表

年份	铝工业子系统	经济社会子系统	耦合度	耦合协调度	协调等级
2005	0.038264033	0.062742909	0.970189274	0.221354752	中度失调
2006	0.051093803	0.07110993	0.986494715	0.245513071	中度失调
2007	0.065683706	0.087165713	0.990074491	0.275074817	中度失调
2008	0.066857441	0.100835777	0.979257026	0.286543856	中度失调
2009	0.075486505	0.111227138	0.981508315	0.302705297	低度失调
2010	0.103087038	0.133718263	0.991598748	0.342648391	低度失调
2011	0.1128545	0.160661134	0.984606492	0.366950452	低度失调
2012	0.111635313	0.178539267	0.973057046	0.375736889	低度失调
2013	0.125459289	0.197953997	0.969620943	0.392704673	低度失调
2014	0.139596741	0.215831704	0.966499372	0.407425269	略微失调
2015	0.173283402	0.22377334	0.986187289	0.433600888	略微失调
2016	0.178860538	0.247591809	0.982434692	0.452758462	略微失调
2017	0.197226865	0.268459882	0.97884602	0.46706332	略微失调
2018	0.233873194	0.290771411	0.968379923	0.474716215	略微失调

2. 耦合协调度结果分析

（1）铝工业与经济社会系统的综合发展水平分析。1996 年以来，全国铝工业与经济社会两大系统的综合发展水平均呈现出整体上升的态势（见图 5-1）。铝工业子系统的综合评价值从 1996 年的 0.13 增长到了 2018 年的 0.23，但在部分年份出现增长放缓甚至有所下降的情况。2001 年，正向指标的进出口贸易额开始下降，与原生铝、废杂铝的进口量大幅下降（将近 50%），而其出口量上升幅度较小的情况相符合。2008 年国际金融危机的负面影响是全球性的、连续性的，我国铝工业的利润总额连续两年下降，但是由于各方面的原因，国际金融危机对我国的影响程度较小，因此铝工业子系统的综合评价值在该期间仅是增长放缓。2014 年印度尼西亚就出台了铝土矿出口禁令（中国铝业网，2013），2016 年马来西亚也出台了铝土矿出口禁令，我国铝土矿进口来源地发生了变化，进口比例有一定程度的下降，固定资产投资减少，因此铝工业子系统的综合评价值在该期间增长放缓。印度尼西亚、马来西亚分别于 2017 年、2019 年恢复了铝土矿出口（中华人民共和国商务部，2017），但因该事件本身对我国铝工业的影响程度就比较小，因此 2017~2018 年其综合评价值依然保持小幅上升的态势。2018 年开始的中美贸易摩擦在有色金属行业中对铝产业链的影响最大，但是本质上的影响并不大，我国含铝物质的进出口贸易仍然有序进行。另外，2018 年俄铝受到制裁、澳大利亚 Alunorte 氧化铝厂停产，导致我国的氧化铝出口量大幅增加，第一次超过进口量，也消除了一部分美国对我国含铝产品加征关税的影响。

图 5-1　1996~2018 年我国铝工业与经济社会系统的综合评价值

与此同时，事关我国整体发展状况的经济社会子系统的综合评价值从 1996 年的 0.01 增加到了 2018 年的 0.29，基本上一直处于增长的状态，这与我国 20 多年来快速的经济增长（我国 1996~2018 年的 GDP 年均增长率为 9.05%）、大规模的基础设施建设、众多民生工程的方针政策与实施、对各项事业进一步深化改革等发展现实相符。即使是在 2008 年国际金融危机与 2012 年汶川地震期间，我国的 GDP 增速也保持在 9.7% 和 7.9%，全社会固定资产投资与货物的进出口贸易额依然是增加态势。

（2）铝工业与经济社会系统的耦合发展阶段分析。1996~2018 年我国铝工业综合发展水平与经济社会综合发展水平的耦合度均高于 0.95，表明两者之间良好的耦合关系与互动效应，铝工业与经济社会是相互作用、齐头并进、共同发展的。但是两个系统之间的良性耦合程度却比较小，协调性较差，该期间其耦合协调度都处于0.5以下。虽然两个系统的耦合协调度呈现出一直上升的趋势，且上升幅度也在逐年增大，可两个系统仍然处于失调等级水平。按阶段来看，1996~2003年属于高度失调阶段，2004~2008年处于中度失调阶段，2009~2013年处于低度失调的阶段，2014~2018年处于略微失调阶段。虽然我国铝工业与经济社会发展存在显著上升的互动关系，但两个系统整体上仍然处于发展失调水平，协调发展的使命还任重而道远。

中华人民共和国成立后，铝金属得到了广泛应用，但铝产品的生产与消费规模还比较小，直到20世纪90年代，改革开放进一步加快步伐之后，我国铝工业才迎来了大发展时期，尤其是经济特区的设立、国家级新区的开发、城镇化率上升较快、房地产大规模开发、加入世界贸易组织、基础设施快速建设等发展良机。随着住房实物分配制度的取消、住房公积金与按揭政策的实施、大量农村人口定居城市与进城务工所产生的住房需求，我国建筑行业的铝金属消费量比例从1998年的不到10%，迅速增加到21世纪初的30%以上，并保持至今。城镇化率随即迅速上升，道路、供水供电、园林绿化等基础设施需要不断完善，与之相对应的各类交通工具、家电产品、电脑手机等电子产品、各种包装等消费量剧增，也进一步推高了铝金属的生产与消费量。与此同时，铝工业逐步加大投资与扩大产能、重视寻矿探矿与技术研发工作、调整内部产业结构、优化生产工艺与流程、做好进出口贸易等一系列努力，基本上能够满足我国经济、社会高速发展的需求。

相反地，两个系统也存在一些发展不协调的地方。20世纪90年代至21世纪初期，我国铝工业发展层次低、规模小、生产方式粗放、产业不成体系等，虽然其为国民经济发展提供了足够的物质基础与支撑力，但也埋下了许多隐患。首先就是原材料的对外依存度高（Shaoli L，2016），进口来源地集中；另外，我国以各种形式掌握并控制了境外一定量的铝土矿资源，但是境外投资开发对中国铝工业发展暂时还没有形成有效且持续的资源供给（程春艳，2013）。近几年由于地缘政治的影响，这些状况并没有好转。我国铝工业的生产技术与水平还比较落后，虽然是全球的制造中心，但却不是制造强国，高品质的铝材仍然需要依赖大量进口；而我国出口较多的氧化铝与原生铝锭，其生产与电解环节最消耗能源和资源，同时各类污染物也排放在我国境内的生态系统。随着供给侧结构性改革与高质量发展的各类政策措施相继出台，铝工业也在不断深化改革，但是资源禀赋不佳，技术研发遇到瓶颈，优化流程、调整结构影响产能与产量，固有观念转变困难等根深蒂固的问题，使得铝工业改革是一个艰巨的长期过程。这些现实进一步说明我国铝工业与经济社会两大系统之间的发展不协调现状（见图5-2）。

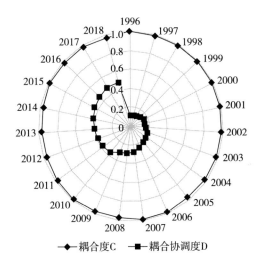

图 5-2　1996~2018 年我国铝工业与经济社会系统的耦合度与协调发展水平

本节采用熵权法与耦合协调度模型对中国铝工业与经济社会系统各自的综合发展情况与其间的协调发展情况进行量化评价，评价结果显示：一方面，两大系统都在不断追求进步，综合发展水平不断提升，且整体的经济社会发展速度要高于铝工业的综合发展速度；另一方面，两大系统之间仍然处在发展失调的状态，虽然在很多方面是相互促进、相互提升的，但也存在一些发展不协调的地方，尤其是资源短缺与经济社会发展需求之间的矛盾、铝工业的高耗能高污染与"碧水、蓝天、净土保卫战"的环保要求之间的矛盾，这都将严重阻碍我国铝工业的可持续发展进程。

三、小结

目前中国铝资源的安全保障度（自给自足程度）相对比较低，这会存在很大的供给风险和危机，极有可能对国内经济建设造成损失。本章是对上一章内容的补充，主要是在可持续发展的大背景下，对中国铝资源的保障进行可持续方面的评价，从中找出评价得分较高和较低的因素，这样对国内铝工业的发展和改革就提供了鲜明的方向。

本章首先介绍了 TOPSIS 法（逼近理想解排序法）的基本评价原理、距离如何测度、详细的计算和评价步骤；其次根据实际情况建立中国铝资源可持续保障评价的原始数据矩阵；最后就是详细的实际计算过程，以及最终评价结果的解释和分析。经评价，在 1996 年、2000 年、2005 年、2010 年和 2015 年中，1996 年和 2015 年中国铝资源的可持续保障情况较其他年份相对好一些，但是与理想方案的相对接近度都在 0.5 左右，因此中国铝工业距离可持续发展的目标还是任重道远。1996 年各项指标得分较高的有铝土矿进口量、尾矿、氧化铝进口量、氧化铝出口量、赤泥和熔渣这些低优指标；2015 年得分较高的指标有铝土矿产出量、氧化铝产量、原铝产量、二次铝产量这些高优指标。另外，2015 年的二次铝产量是该指标在所有备选方案中的理想解，因此二次铝产量对铝资源的可持续保障目标的贡献相对比较大。

本章从社会整体着眼，本着促进经济社会各项事业的协调发展角度出发，将我国铝工业放置于整个社会环境中考察其发展的可持续性。构建中国铝工业与经济社会系统的耦合协调发展评价指标体系，以中国铝工业子系统与经济社会子系统 1996~2018 年的面板数据为基础，运用熵值法测算中国铝工业子系统与经济社会子系统的综合评价值，同时运用耦合协调度模型对两大系统 20 多年来的耦合协调发展情况作出量化评价。经评价，1996 年以来，全国铝工业与经济社会两大系统的综合发展水平均呈现出整体上升的态势。铝工业子系统的综合评价值从 1996 年的 0.13 增长到了 2018 年的 0.23，但在部分年份出现增长放缓甚至有所下降的情况；事关我国整体发展状况的经济社会子系统的综合评价值从 1996 年的 0.01 增加到了 2018 年的 0.29，基本上一直处于增长的状态，这与我国 20 多年来快速的经济增长（1996~2018 年的 GDP 年均增长率为 9.05%）、大规模的基础设施建设、众多民生工程的方针政策与实施、对各项事业进一步深化改革等发展现实相符。但是两大系统之间仍然处在发展失调的状态，存在一些发展非常不协调的地方：国内铝资源短缺、高端铝材受制于人、铝工业的高耗能高污染、高耗能高污染生产的电解铝却大量出口、废杂铝的末端治理程度极低等，这些因素都将严重阻碍我国铝工业的可持续发展进程。

结合以上 TOPSIS 模型与耦合协调度模型的评价结果来看，在以后的发展过程中，关键是要尽快建立完善的铝资源回收体系，争取使已经使用过的或者正在使用的铝产品经过回收成为新的储量来源，从而达到优化铝资源的供给结构，保障其可持续供应的目的。

第六章　中国铝资源的可持续 管理对策研究

可持续的资源管理研究是通过对资源的供需现状进行详细的分析评价之后，采取相应有效的措施加以引导，以促进资源的可持续利用，从而达到社会的可持续发展。那么经过以上分析可得，保障中国铝资源可持续供给的措施是：开发"城市矿产"，实现废弃铝资源最大程度的循环利用。本章将介绍中国有色金属循环利用历史及进展；铝的循环利用特性（可再生性）及其应用；全球和典型发达国家可再生资源及铝金属循环利用概况，以及中国再生铝工业的发展现状；分析中国铝资源循环利用的潜力，包括数量分析、成本分析、环境影响分析和贡献度分析。最终得出：铝金属循环利用可以优化供给结构，提高其安全保障度，保证其可持续供应。

一、中国有色金属循环利用的历史进展和意义

（一）中国有色金属循环利用的历史沿革

再生有色金属的理念在中华文明的历史长河中留下了浓重的一笔，其实践更

是历史源远流长。据《史记·平淮书》记载"收天下之兵，集之咸阳，铸以为钟锯，金人十二，各重千石"。这句话的意思是：秦朝一统天下之后，回收各种报废的以及在战争中被丢弃的青铜兵器，在咸阳铸造成钟锯等其他的东西。古代科学著作《天工开物》是宋应星（明末科学家）的作品，这本书详细记载了那个时代的再生铜、再生铅以及含银废料的再生利用技术，一些相关的冶炼技术和思想内容对今天的科技研发仍有重要的启发和指导作用（中国有色金属工业协会，2013）。这些都是有色金属循环利用思想的雏形，给后人留下了宝贵的财富。但是由于我国近代工业文明发展的落后，导致我国废旧金属利用远落后于西方工业化国家。

中华人民共和国成立不久，国家百废待兴。在计划经济时期，为了国民经济的发展和基础设施的建设，物资的回收利用受到党和政府的高度重视，废杂有色金属也变废为宝。大量的回收网点在全国各地的物资回收机构的带领下建立起来，中国废旧金属回收利用产业也因此得到了较快的发展壮大。其中，废杂铜由于使用量大被列为战略物资，统一由国家物资储备局进行储备。1954年我国为了更好地管理全国废旧金属的计划和回收工作，在当年成立了中央人民政府财政经济委员会金属回收管理局。当时全国重点城市及重工业城市都设立了国家金属回收管理局的大型仓库，负责当地废旧金属的统一收购和调拨工作。天津电解铜厂、沈阳冶炼厂、上海冶炼厂是熔炼废杂铜的主要企业；长春再生铝厂、上海宝华冶炼厂是熔炼废铝的主要企业；上海新丰冶炼厂等是熔炼废铅的主要企业。历史资料中显示，1951~1961年，中国的再生铜产量占铜总产量的平均比例为64.9%，再生铜数量较大，比重较高。与此同时，废旧物资的回收网络在全国供销总社的带领下在城乡建立起来了，与金属回收管理局在全国的网点类似，负责人民消费和使用产品所产生的废弃物品的回收，其中包括废旧有色金属。废旧金属回收再利用的转变过程是有时间分界的：1966年以前，国家金属回收管理局统一计划并回收废杂铝、废杂铜、废杂铅等废旧金属，然后按照消费需求大小统一调拨给各省市区县的冶炼厂，令其重新加工成铝合金、电解铜和铅合金等再生金属，转为计划物资材料；从 1966 年开始，国家成立了中国金属回收公司，这个回收调拨再加工的过程有所变化。回收公司划分了回收范围，它负责直接回收中央全部 18 个工业部门所属企业产生的废旧金属，而全国供销社的网点负责回收社会上产生的零散废旧金属，最后都统一调拨给各地的冶炼厂进行加工制造。

1966 年 5 月后，负责回收废旧金属的主管部门被撤销了，全部将职责下放到各省和直辖市，他们负责本省废旧金属的统一计划、回收和调拨工作。1977 年，国家恢复了物资总局金属回收局原来的职责，继续统一负责全国废金属的计划、回收和调配工作，但各省市仍然管理和负责当地废有色金属的回收和再加工利用工作。

随着改革开放的日益深入，中国的经济面貌发生了革命性的变化，社会主义市场经济体质逐步开始建立，再生金属产业迎来了发展的春天，废旧金属的回收和利用系统也因此有了质的变化。废旧金属的回收和利用行业能够快速地在全国各地发展起来，大量的民营企业和个体企业参与到其中是重要的原因之一。1990 年前后，我国废旧金属的回收和利用行业形成了广东大沥、浙江永康、山东临沂、河北保定地区等几个较大的聚集区，主要集中在临海地区。

1990 年之前，中国再生有色金属产业在艰难中求生存，主要包括以下四个组成部分即系统：

（1）回收系统，供销社系统和物资系统是其主要组成部分。供销社系统的主要构成是大中型的集体所有制企业，这个系统是计划经济时期回收废旧有色金属的重要渠道之一。而物资系统是以国有企业为主体，它也是计划经济时期回收经营废旧有色金属的主要渠道之一。回收系统已经建立起了遍布全国各地的较为广泛的回收网络，回收网点更是不计其数，主要回收存在循环利用价值的废旧物资，当然也包括循环性能良好的废杂有色金属，也是其回收的主要渠道。

（2）废旧有色金属再生利用系统。在计划经济时期，主要是国有企业和集体所有制企业负责废杂有色金属的再生产和再利用工作，再生金属的种类相对较少，以再生铜和再生铅为主。由于当时发展水平的限制，铝、铝合金和稀贵金属的产品消费量本身就很少，其废料当然就更少了，因此主营铝和稀贵金属再生利用业务的企业也非常少，全国仅有两家具备规模的再生铝企业。但是在20世纪80年代进入市场经济后，再生有色金属产业在大环境带动下实现了繁荣的发展，之前的不景气状况就焕然一新。与此同时，从事废旧有色金属再生利用的企业的性质也已经发生了质的变化，民营企业和个体企业打破原有的国有企业和集体所有制企业独占行业的格局，与其共同组成废旧有色金属再生利用系统。其中，民营企业和个体企业主要推动的是再生铝、再生铅的循环利用。

（3）铁道部系统。铁道部的铁轨、火车和火车站等是金属利用量较大的产品，同时也是产生、回收、再利用废杂金属的一个较大行业，因此就应运而生了铁道部系统。本系统直接回收本部门产生的废旧金属，经过加工制造之后，仍然在本系统被直接利用，不与其他回收或者再利用系统发生任何关系。这样能够降低成本，并省去了诸多烦琐的环节。

（4）进口的废旧有色金属领域。从1980年改革开放初期直到1989年整个80年代，我国的再生金属总产量为178.92万吨。这一时期，随着经济的快速发展，我国再生金属产业才开始真正步入较快的发展轨道。与此同时，进口的废有色金属量也在逐渐增加，在1990年之前进口量很少，主要品种也只是废杂铜，而从1990年之后，进口量开始快速增加，废铜和废铝是主要进口种类。我国包含所有物资在内的计划经济体系使得废旧金属再生利用地区把进口废杂铜、废杂铝和其他废金属已经作为冶炼再生有色金属的原材料的主要渠道之一。

20世纪末期，即1995~2000年，中国处于市场经济加速和完善时期，中国国民生产总值的增长速度远远高于其他国家，我国制造业年均增长9.3%，比西方工业化国家高6.1%。比发展中国家高4%。由此带来的是工业化和城市化的加速向前推进，在此基础上能源和资源需求也加速增长，国内的废杂金属已经不能满足需求，大量的废金属需要从国外进口，再生金属产业也顺势快速发展，进口废金属正逐渐成为中国再生金属的主要原料来源。这种做法虽然可以缓解国内的资源压力，直接导致我国废旧金属拆解和利用业快速发展的地区大量进口和走私国外废旧金属，出现了废旧金属业的"繁荣"和快速发展景象。但是这些废料却是发达国家蓄意的、有目的性地从本国内转移到不发达的且想要发展的国家中的，虽给这些国家带来了一定的国民收入，但是也严重危害了当地的环境和生态系统。

例如，20 世纪 90 年代初，国外较发达的国家经济发展产生的固体废弃物，尤其是废杂金属，如废钢、废铜、废铝等进入中国浙江台州及其周边地区，逐渐形成了中国最早的废弃物拆解基地，但却没有形成规模，都是一家一户的非常分散的拆解小作坊。这些作坊缺乏正规化的处理流程，有价值的废金属被拆解回收之后，剩余的没有价值的不可利用物被随处乱倒，严重污染了当地环境，还占据了宝贵的生存空间。联合国环境规划署（UNEP）逐渐认识到了这个问题，1989年制定并颁布了《控制危险废物越境转移及其处置巴塞尔公约》。中国是巴塞尔公约的缔结国之一，为了响应联合国号召，实施巴塞尔公约，更为了保护我国人民生产生活的生态环境，于是国家环境保护总局（现中华人民共和国环境保护部）联合多部门于1996年颁布了《进口废物环境保护控制标准》和《废物进口环境保护管理暂行规定》。与此同时，我国也开始逐渐注重废弃物的环境管理。全国人民代表大会于1995年10月30日通过了《中华人民共和国固体废物污染环境防治法》，从法律上保障固体废物的防治工作，并于2004年12月29日做了修订。这部法律不仅全面建立了固体废物环境污染防治的体系，衍生出了一系列相关规章制度，而且具体规定了进口的固体废物种类等相关内容。环境保护部根据该部法律的内容，于2001年具体制定了限制进口类、禁止进口类和自动进口许可类等进口废物的目录，进口固体废物自此以后走上了法制管理的正确轨道（中国有色金属工业协会，2013）。进口固体废物的法律越来越规范，废旧金属拆解、处理、加工等相关业务在经济发达的浙江省台州市快速发展，并且迅速向周边及其他地区扩展，如广东、江苏、天津、上海等沿海经济较发达地区。自此以后，逐年增多的废旧金属进口量，使从事废旧金属进口工作的固定企业也逐年增多，在21世纪初期就发展到500多家。1990～1999年中国再生金属总量达到

519.87 万吨，主要是再生钢铁、再生铜和再生铝等。

21 世纪以来，中国制造业迅猛发展，是我国的支柱产业和最大的经济增长点，也自然是国民生产总值的重要组成部分。改革开放以来的发展，使中国进入了工业化中期，也形成了城市规模迅速扩大和现代消费模式快速涌现的时期。与此同时，国内不间断地建立废物回收交易市场、再生资源循环利用园区以及进口废物加工园区等专门的再生资源园区，令我国的再生金属产业经历了高速蓬勃发展时期。中国有色金属工业协会经国务院主管机关批准，于 2001 年 4 月 10 日正式在国家民政部注册成立，这又一次促进了有色金属及其再生产业的发展，协会的成立揭牌仪式于同年 6 月 16 日举行。2002 年 5 月 16 日中国有色金属工业协会再生金属分会也成立起来了，这标志着中国再生有色金属行业的管理体制更上一层楼，进入了一个全新阶段（有色金属工业协会，2013）。另外，随着生态文明理念、资源循环利用理念和经济社会可持续发展的模式不断深入人心，资源相继短缺的事实和压力不断加大，中央有关部门越来越重视和支持再生金属产业的发展，也因此不断加强节能减排和资源的综合利用工作。带来的结果就是再生有色金属行业的综合实力显著提高，废旧有色金属进口量大大增加，而且国内废旧金属回收量也在逐步增加，再生金属产量也快速增长。例如，2010 年，我国主要再生有色金属产量已经达到 775 万吨，同比增长 22.4%；主要废杂有色金属的进口实物量是 721 万吨，同比增长 8%；国内自行回收的铜、铝、铅的金属量合计达到 405 万吨。而到了 2011 年，我国主要的再生有色金属产量已经增加为 835 万吨，比 2010 年增加了 60 万吨。其中，最多的是再生铝 440 万吨，其次是再生铜 260 万吨和再生铅 135 万吨。主要废杂有色金属的进口实物量合计为 741 万吨，而国内自行回收的铜、铝、铅的金属量达到 475 万吨。再生有色金属产业伴随着再生金属产量的增加而不断发展壮大，已经成为有色金属工业不可忽略的重要组成部分。

再生金属产业在逐步发展的过程中，其国际化程度也日益提升。中国进口的废铜、废铝等金属量每年都在数百万吨左右，占据全球流通领域份额的三分之一甚至更多。中国有色金属工业协会再生金属分会在积极主动与美国废料回收工业协会（ISRI）、国际回收局（BIR）这两个全球规模最大、实力最强的再生资源行业组织建立起了长期的、密切的协作关系（有色金属工业协会，2013）。中国每年组织企业考察团到国外考察交流，其中2008年度国内有将近40家企业，总共60多位代表组成中国企业考察团，赴美国和欧洲一些地区进行深入的实地考察活动。不仅参加了ISRI和BIR举办的2008年度春季会议和展会，并且参观和实地考察了国外大型料场，就共同关注的技术、管理等问题进行了深入的讨论。紧接着2009年4月5日，国内企业在行业协会的组织下又组成中国企业考察团，不仅参加了在迪拜召开的BIR会议和在美国召开的ISRI会议，还分别参观了所属阿联酋、英国和美国的废金属供货和生产加工企业，这些企业在国际上都是比较著名的。这次参观访问的最大成果是与这些国家建立起了新的供求渠道，力图能够帮助国内的再生有色金属行业在金融危机席卷全球的恶劣贸易环境下求生存、求发展。出国考察不仅能够了解和学习国外先进的技术与装备，还能促进中国再生有色金属行业与国际上其他国家的交流和合作。另外，中国已经连续成功举办了再生金属国际论坛和展览交易会，即使是在2008年金融危机的严重影响下，北京仍然成功举办了第八届再生金属论坛及展览会，并且达到了860人的参会规模，这个数量可以算是相当多的了。其中大约有240名外宾参加展会，企业数量也达到历年的参展之最。再生金属国际论坛和展览交易会俨然已经成为一个重要的交流平台，供国内外再生有色金属的同行从业者们进行交流、学习和合作。

为了加强废旧金属的回收利用管理，防止二次环境污染，我国实行了圈区管理试点的方式来促进废旧金属业的健康发展。目前，国内较大的再生金属集散地和市场主要有：山东临沂，以废电子产品、废钢铁和有色金属为主；河北保定地区（包括周边的徐水、安新、清苑和满城等地），主要是汽车拆解和有色金属回收；广东清远、广东南海和浙江台州地区（包括周边的温岭、路桥、玉环等地），都是以有色金属回收处理为主。上述都是国内较大型的再生金属市场与集散地,每年基本上有 100 万吨以上的再生金属交易量。另外,广东揭阳,以不锈钢和有色金属为主;广东贵屿,主要是废弃电子物回收;湖南汨罗,以有色金融为主;河北藁城,以旧电机、变压器和报废汽车为主。上述都是国内中型的再生金属集散地与市场,年再生金属交易量基本上都在 50 万吨以上。河南长葛,主要的再生金属是不锈钢,江苏兴化也是以不锈钢为主,安徽界首以再生铅和废旧电瓶回收为主,江苏永康以有色金属为主,它们的年再生金属交易量在 30 万吨以上;以有色金属回收和加工处理为主的江苏吴江,年成交量在 20 万吨以上。

此外,随着废杂金属的贸易量逐年增多,国内专业的再生金属进口园区已被批准并建成投入运营,例如:浙江省宁波市再生金属资源加工园区,有大约 50 家定点进口企业入驻园区,每年进口各种再生金属在 80 万吨以上;天津市子牙环保产业园,在其建立之后迅速有将近 40 家定点进口企业陆续进驻园区,每年进口 40 万吨以上的各类再生金属;另外,广西壮族自治区梧州再生资源工业园、江苏省太仓港再生资源进口加工区,这两个园区的年进口再生金属 30 万吨以上;还有一些贸易量较少的再生金属工业园区。

(二)有色金属循环利用的意义

有色金属工业从矿石开采,矿石中金属的提取、冶金生产、消费和最终变成废弃物是一个完整的生命周期过程,也是不断消耗资源和能源、不断排放废物的过程,这是"资源—产品—废弃物"单向的线性的资源开发利用的过程,是高开采、高消耗、低利用、高排放、高废弃的恶性循环,对非常有限的资源的利用是粗放的和一次性的。这种模式导致的最终结果必然是枯竭了的自然资源和破坏了的自然环境,是一种不可持续和不安全的发展模式。要实现有色金属工业的可持续和安全稳定发展,必须立足于资源利用方式的转变,寻求以最有效利用资源和保护环境为基础的良性循环之路。

资源循环是由"资源—产品—废弃物"所构成的、物质反复循环流动的资源利用模式,其基本特征是低开采、低消耗、高利用、低排放、少废弃的良性循环。资源循环实现了废物的二次利用，甚至是多次利用，使之重新进入生产系统，进行新一轮的物质流传递。发展有色金属行业的循环经济，力争实现有色金属资源的持续循环利用，对于促进经济、社会、资源与环境的可持续和全面、协调发展具有重要且深远的意义：

（1）再生的有色金属资源可以弥补国内矿产资源的短缺。矿产资源的过度和无序开采，使国内多种有色金属矿产资源难以甚至远远不够满足国内社会发展的需求，而且越来越低的矿石品位，矿石所含的金属也随之越来越少，开采和冶炼的难度同时加大。然而与此同时，城市中有色金属的社会存量却越来越多，包括各种金属废品、边角料和含有色金属的各种溶液、渣等物料。这些物料多为制造产品剩下的，或者是金属制品达到使用寿命报废的，金属含量通常比原矿高得多。综合来看，处理这些物料的直接经济效益和社会效益，都比从矿山开采矿石而后经选、冶、加工要好得多（华一新，2014）。

（2）有色金属资源循环将在很大程度上改善环境。原生有色金属在生产过程中具有以下几个特点：原料品位较低、成分复杂，生产工序多、流程长，产生的废水、废气、废渣造成严重的环境污染和生态退化；相反，再生有色金属在生产过程中的特点是：原料品位较高、成分较纯，工序少、流程短，产生的"三废"显著减少。假设中国有色金属的总产量中有一半是来自废料的再生金属，污染和环境破坏将大大减少，二氧化硫、砷、氟、汞、镉、铅等有毒有害物质和元素在"三废"中的排放量也将明显下降。据测算，与原生金属生产、加工、制造相比，每吨再生铜、再生铝、再生铅可分别减少固体废物排放量380吨、20吨、128吨，可分别节水395立方米、22立方米、235立方米；与此同时，每吨再生铜、再生铅可分别少排放有害气体二氧化硫0.137吨、0.03吨（华一新，2014）。假设中国有色金属产量大部分都是来自废料的循环利用，那么有色金属工业与环境和生态的激烈矛盾将从根本上得以改善。

（3）有色金属资源循环将在很大程度上实现节能。有色金属工业是高能耗的生产部门，尤其是对电能的消耗。当前，当今世界能源不足，希望寻求新的替代能源，资源循环正好顺应这个世界潮流。再生金属的原料品位较高、成分较纯，工序少、流程短，不需要大规模加工就可以利用，这就能够大幅度节能，这不是一般的工艺和装备就可以匹敌的。例如，铜、铅、锌、铝的循环利用可分别节能 84%~87%、60%~65%、60%~72%、92%~97%（华一新，2014），资源循环的节能效果非常明显，节能潜力巨大。目前各国都在进行资源循环的实践，若进一步加大力度，有色金属工业的各项能耗指标就能大大降低。

（4）有色金属资源循环能够在较大程度上降低生产成本和投资。矿石是原生有色金属生产所用的原料，国内矿山的矿石大多品位较低，杂质相对较多，如生产 1 吨精炼铜需要至少开采 120~150 吨或更多的矿石，而生产 1 吨锡、钨甚至需要的矿石量是 1700~2500 吨（华一新，2014）。生产原生金属时还消耗大量燃料及其他原材料，因而不仅前期的基建费用是很高的，后期生产所需原材料的成本也很高。然而，再生有色金属并不需要建设矿山，而且生产工艺少，流程短，基建投资和生产成本大幅度下降。有人统计，再生有色金属的生产费用大约只有从矿石生产原生有色金属费用的一半。生产 1 吨再生铝比从矿石生产 1 吨原生铝节约投资 87.5%，生产费用降低 40%~50%（华一新，2014）。

二、铝的可再生性及其应用

（一）铝的可再生性

在工业常用的金属材料中，铝的可回收性是最好的（刘培英，2013），其循环流程如图 6-1 所示，右侧的各道程序形成一个完整的闭环，可以长期循环下去。这是由铝的两大优越性能所造就的，其一是良好的抗腐蚀性能，铝制品在其消费和使用期间几乎不会被腐蚀，所以几乎不会产生损耗，如建筑中的铝合金门窗、交通工具上的各种铝制的零部件、铝制易拉罐和电力中的高压输电线等在其为社会生活服务期间仅发生极少量的腐蚀损失，与其他金属的损失量相比，完全可以忽略不计，因此理论上可回收率极高。另外，在重复熔炼铸造的循环利用过程中，仅产生 4%~8%的损耗（含烧损与机械损耗）（刘培英，2013）。另一个显著的优越性能是，再生铝的品质较原生铝几乎不会降低，是名副其实的"绿色金属材料"。在实践过程中，与其他金属材料相比，铝的可持续利用程度高，效果好。

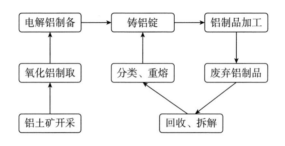

图 6-1　铝金属的循环流程

铝的良好特质造就了优越的可再生性，这在很早之前就被人们掌握并加以利用。事实上，距 Hall-Héroult 电解法的发明还不到 7 年就开始了最早的再生铝生产，但是规模小且零散，只是最初的试验性生产。然后就是在第二次世界大战期间，大规模战争造成了数量庞大的破损或报废的军用飞机、武器装备等，再生铝冶金迎来了它的第一个高潮时期。紧接着的 20 世纪 50 年代，再生铝产业发展的第二个里程碑被美国的乔·亨特（Joe Hunter）树立起来，他开拓了再生铝的使用范围。他首先将废杂铝熔化，然后在带坯铸机内处理熔融，成功获得了可锻的半加工品，使再生铝不仅限于铸件，还可用于锻造（刘培英，2013）。三次工业革命使社会经济发展呈现爆炸式增长，城市越来越多，也越来越大，建筑和基础设施的建设，导致工业生产逐年迅速扩大，作为重要的工业金属材料，世界铝材的需求和消耗量迅速增长。各种铝材都是有生命周期的，一定的时间之后，废弃铝材不断增多，大部分都聚集在城市中，为开发利用提供了丰富的二次资源。

铝的抗腐蚀性能够使回收的废旧铝，反复多次重熔，而铝的品质几乎不会降低，那么其生产成本与原生铝相比就会大大减少，所以说铝的回收价值很高。随着再生方面的科技提高，另外还有一种回收利用的情况存在于一些工业发达国家中，那就是将再生铝重复用来制造同一产品，最典型的例子是铝制饮料罐，能够做到单独收集处理，然后多次重复用于制造饮料罐，这种做法不仅损失很小，而且能保证原有质量。与此同时，在那些科技发达和设备比较先进的国家，再生铝已经日益用于重要的高端产品，美国已有再生铝加工企业，为航空航天制造领域提供高性能的再生铝材料（刘培英，2013）。

（二）再生铝的应用

交通运输、建筑和食品饮料包装不仅是铝材应用的三大领域，也是再生铝应用最多的领域，这些领域对铝材的要求都不是特别高，所以应用潜力巨大。

各种交通运输工具都增加了质量轻的铝合金材料，相应减少笨重的钢铁材料，既是顺应了轻量化的发展趋势，同时也会带来很多方面的好处。以汽车制造业为例，发达国家平均每辆汽车用铝量已经达到 140 千克，且每年以 20%～30% 的速度递增。如果轿车用铝合金材料量达到 50 千克，每台轿车每年可节约汽油 85 升。当汽车自重减少 40% 时，二氧化碳排放量将减少 10% 左右。使用铝材还有助于提高汽车行驶的平稳性、乘客的舒适性和安全性。在发达国家，70%～80% 的再生铝被汽车工业所采用，中国将再生铝合金用于汽车铝压铸件也多年持续增长，在 1995～2004 年，铝合金压铸件产量的年平均增长率达到了 14%。自 20 世纪 90 年代以来，我国的汽车产业也开始迅速扩大，随着大量汽车生命周期到达，将逐渐地提供大量再生铝资源。来自汽车的废铝料可回收率很高，美国报废汽车中铝废料的回收率达到 95%（刘培英，2013）。

铝型材的主要消费者是建筑行业，门窗、壁板和其他结构都是铝和再生铝的消费大户。建筑的使用周期大致是 30 年，铝的耐腐蚀性很好，所以在其使用期间几乎不会被损耗，几乎可以全部得到回收。美国铝协发布的报告表明，美国铝制建筑材料的回收率是 85%，并且产品总量 60% 的原料来自已经用过的铝，而且在铝产品达到使用寿命时还几乎可以完全回收。改革开放以来，中国的基础建设速度远快于其他国家，当然在该领域积存的铝量也是爆炸式增长，那么之前的建筑所使用的铝材，在达到使用寿命进行回收加工之后，就可以为后来的建筑所使用。

食品饮料包装是日常生活中铝制品最经常出现的领域，也是人们最熟悉的应用。食品包装、饮料罐很轻便、生命周期很短，因此循环快；而且收集这些铝制品也非常容易，回收率很高，我国饮料罐的回收率在 90% 以上，这是一块宝贵的再生资源（刘培英，2013）。发达国家的技术水平高，可以将回收回来的铝制食品饮料罐单独处理、加工，这样获得的二次铝品质不会降低，继续用来制造食品饮料罐。但是中国的再生铝行业不论是技术还是管理水平，都与发达国家相去甚远，所以再生铝的品质会降低，很多都被降低使用。

在国防科技领域以及一些高精尖的专业领域，轻量化的要求也是越来越高，于是国防科技产品，如舰艇、装甲车、飞机等越来越多地用铝来代替钢铁材料。发达国家已经能够将废铝生产制造成高性能的再生铝和铝合金，并且用于国防领域。然而中国的实际情况是仅能够制造普通的再生铝和铝合金，用于日常生活中，而且是以铸造铝合金为主。因此，在再生铝的产量方面，中国处于领先位置，但是再生铝的品质却是一般，有的还难以与原生铝抗衡，并且都是用在一些不是特别重要的领域。

三、全球、典型发达国家和中国的资源循环利用

（一）全球及典型发达国家二次资源的利用现状

1. 全球二次资源利用现状

金属回收与利用支撑起了一个全球性的主要产业，有力地支持了全球能源与资源合理利用、环境保护、经济社会发展。据欧洲相关研究，二次资源的回收利用在节约能源、减少温室气体尤其是二氧化碳排放、节约自然资源、保护环境方面具有举足轻重的作用。

全球废旧金属的分布主要是集中在工业相对发达的国家和地区，按产生地区的标准来划分，基本上可分为西欧地区（主要是欧盟）、俄罗斯、北美地区（美国、加拿大）、东亚地区（主要是韩国、日本、中国香港、中国台湾）、澳大利亚共五大部分。这也直接促进了工业化国家再生金属利用的快速发展，以美国、英国、法国、德国、日本为代表的发达国家已经进入后工业化阶段，对大宗原矿金属资源的需求量呈下降趋势，再生金属利用成为工业化国家实现资源循环利用的重要手段之一。

世界上绝大部分的金属都能进行循环，以再生金属的形式被重新利用。再生金属的废料来源一般可以分为两类：一类是消费过的报废的废旧金属产品（成品）的回收，它被称为"旧废料"；另一类则是工厂在加工或制造金属成品和半成品的过程中切削下来的边角碎料，本质上就是精炼金属的一部分，它被称为"新废料"。"旧废料"需要经过拆解、分拣、除杂质、熔化、成分调整等步骤以后才能再次利用，而"新废料"则可以当场回炉熔化后直接重新用于产品加工。世界各国循环使用的二次资源包括铁和钢、锰、铬、钴、钒、钛、钨、锡、钼、

汞、铝、铜、铅、锌、镍、镁、铍、铌、钽、金、银、铂族金属、镉、镓、铟、硒和锆等金属，有30余种。

2004年世界粗钢生产的原料约有40%来源于废钢铁的回收利用；世界再生铝的产量756万吨，占精炼铝产量和消费量的25.18%和25.61%；世界再生铜的产量547万吨，占精炼铜产量和消费量的35%和33%；世界再生铅的产量327万吨，占精炼铅产量和消费量的45%和46%；再生锌占世界锌消费量的30%左右。2013年世界粗钢生产的原料约有26%来源于废钢铁的回收利用；世界再生铝的产量1470万吨，占精炼铝产量和消费量的22%和25%；世界再生铜的产量822万吨，占精炼铜产量和消费量的35%和33%；世界再生铅的产量720万吨，占精炼铅产量和消费量的52%和50%；再生锌占世界锌消费量的32%左右。

2. 美国二次资源利用现状

美国是发展工业经济较早且也是高度发达的国家，每年能够产生和回收的废旧金属数以万计，除去本国可以直接重新利用的一部分之外，由于美国人力成本极高，处理废旧金属的成本也很高，所以剩余的废旧金属一般都是直接出口国外，特别是一些发展中国家。另外，在美国一些发展较早的大城市，更新换代使得废旧金属遍地皆有，但是工业性的废旧金属还是大量集中于典型的重工业生产地区，如工业边角废料的回收和再生产聚集于五大湖地区。五大湖地区是在著名的汽车制造工业基础上发展起来的，一系列相关配套工业在其带动下逐渐快速发展，也慢慢形成了诸多与冶金、机械等相关的生产加工基地，大量的工业废旧金属由此而产生，其中一小部分是不合格的或改型淘汰的产品，另一些则是机械零件加工或者是冶金过程中所产生的下脚料和边角废料。另外，一些地区的工业类型不同，所产生的废金属种类也不同。新泽西州是美国化工产品、轻工业机械的集中生产地，因而能够有大量的不锈钢废料及有色废金属产生；宾夕法尼亚州的匹兹堡以及周边地区，主要产生黑色金属的次产品和废料的同时，每年也产生大量废旧有色金属；南方的休斯敦地区也能产生大量的金属废料，但一般都是通过休斯敦港出口到国外；美国西部地区的大型工业不太集中，但也有大量工业消耗品，也是废旧金属产生的集散地；尤其是西北部地区，航天工业比较发达，形成了以波音公司为首的航天产业，提供了大量的废五金资源以供出口。

与此同时，产品的更新换代和制造业科学技术的升级也会导致大量的废旧金属产生，如计算机工业的加速升级，大量的相关设备由于不断更新换代而被淘汰，几乎每天都在产生大量的废料；另一个显著的例子是光缆，成千上万千米的地上地下电缆及其有关设备，随着新技术的应用而不能使用，都被视为废品而更换成功能更加强大的新电缆。另外，电脑、电器、显示器等堆集成山的废品，给环境带来严重的污染，有些废品更使有毒有害物质深入土壤，为环境保护部门提出了一个崭新的且影响深远的课题。正因如此，美国在不断地调整和改变与管理废旧金属相关的法律和政策。数据资料统计显示，美国产生工业废料的地区，按数量分布是：东部地区大约35%，中部地区大约50%，西部地区仅占15%左右，当然消耗性的工业品废料在全国各地的比例是基本相当的。

目前，黑色金属废料是美国和世界各地循环利用率最高的材料。仅在美国，废料回收产业2011年一年就处理了7400万吨黑色金属废料，占美国国内处理废料总量的55%以上。美国废料回收工业协会（ISRI）受托进行的一项研究表明，截至2009年12月31日，美国旧废料库存接近12亿吨。因此，美国黑色金属废料供应量在满足国内和海外不断增长的需求方面绰绰有余。

有色金属（包括铝、铜、铅、镍、锡、锌及其他金属）隶属于不会降解或不会在回收过程中失去其化学或物理性质的少数材料。因此，有色金属可以不限次数地被回收。从回收量来看，有色金属废料占美国回收材料总量的1/4左右。但从价值来看，有色金属废料（包括贵金属废料）的价值几乎占了美国废料回收产业2011年盈利总额的70%。2017年，美国处理了来自大量消费者、商业和工业来源的900多万吨有色金属废料，包括电子设备中的铜和贵重金属电路、软饮料容器、汽车电池和散热器、铝墙板、飞机零件等。美国和全球100多个国家的二次冶炼厂、精炼厂、锭制造商、铸造厂和其他工业用户消耗了这些有色金属废料。

3. 德国二次资源利用现状

德国由于地理位置的限制，本土的各种自然资源都非常贫乏，矿产资源中比较丰富的算是煤炭资源，其他能源和工业所需原材料更少，有些资源甚至完全都是从其他国家进口而来的，有色金属更是少之又少。然而德国是工业化国家和资源消耗大国，如果一直依赖进口满足国内的生产和国民生活需求，那么就会一直受制于人。因此德国始终在思考再生资源问题。

德国在发展循环经济、实现废旧物资的循环利用方面走在世界的前列，这起源于"垃圾经济"（一种新的经济发展形式）。德国在废弃物管理方面的理念和手段也是世界一流的，是各国纷纷效仿的楷模，它力求从根本上避免不必要的废弃物产生，长期坚持以预防为主、产品责任制和精诚合作的原则。德国废物管理政策严格、严谨而又合理，其政策核心是分层次的，首先是对现有资源最大程度的节约和保护，其次是尽可能有效地处理和再利用有价值废弃物；废物管理政策的终极目标是实现一种可持续的、全面的、面向未来的循环经济发展形式。法律保障是德国推动并成功实施废物管理政策的重要手段，一方面严格执法，另一方面鼓励来自工商企业界自愿发展循环经济，从而逐渐形成了一套完善的富有德国特色的废弃物管理体系。在整个德国，废弃物的循环利用已经成为工商企业以及普通民众日常生产生活中不可或缺的组成部分。归根结底，对于生产生活废弃产品的处理和再利用是德国废物管理政策系统的核心，这个庞大复杂的政策系统会随着时间的迁移和技术的升级逐步变得越来越成熟，全球其他国家也纷纷效仿这个发展模式。

德国在推广循环经济模式和资源循环利用理念方面的法律法规实践有很多，主要的时间节点有：1972 年，德国颁布了《废弃物处理法》，要求强行关闭挤占空间的垃圾堆放厂，取而代之的是对生产生活垃圾进行填埋和焚烧的垃圾中心处理站，并从中获取热能和电能供周边地区使用。但是经过多年的实践，德国政府逐渐意识到，简单的垃圾末端处理并不能从根本上解决环境和相应的资源问题，于是在 1986 年又重新颁布了新的《废弃物管理法》。这部法律规定了两项重要原则：垃圾处理后要能够重复使用、预防永远是优先，也确定了废弃物管理要遵循避免，再循环，处置的先后顺序。优先放在首位的是避免废弃物产生，如果实在是无法避免，就要考虑是否能够将其再循环（很多废旧物资其实都是可以循环使用的），剩下那些实在没有循环价值的部分，才进行填埋或焚烧。1991年德国发布了详细的《包装条例》，规定原生产厂家和各级分销商对其所售卖产品的包装进行全面负责，还要负责回收其产品包装，并且对其中的有效部分进行再利用或再循环。这一条例对铝、玻璃、塑料、马口铁和纸板等包装材料的回收率做出了规定，要求自1995年7月1日起，回收率要全部达到80%以上。随着商品种类的不断增加和包装材料的更新换代，也多次修订过该条例。1992年，德国通过了《废车限制条例》，开始了在汽车工业领域进行法律试点，该条例严格规定汽车制造商有回收本公司报废车辆并进行处理的义务。经过在主要工业领域的一系列法律实践积累经验后，德国经过两年时间的筹备和起草，正式于1996年颁布了《循环经济与废弃物管理法》，并于同年生效。这是全球第一次在国家法律中正式出现循环经济的概念，一下子将废弃物资处理行业上升到一种经济发展模式——循环经济的思想高度，并且为之建立起了完整的配套法律体系。与之相对应的是，消费者也必须为循环经济而努力，在产品使用的过程中承担相关的义务：在产品破旧报废后使其返回循环过程，并尽量避免废弃物产生。这部法律规定了循环经济和废弃物管理的总体法律框架，德国政府又加大力度，根据各个行业的不同实际情况，逐步地分别制定该行业内的法律、法规和条例，如《废旧汽车处理规定》《饮料包装押金规定》《废木料处理办法》《废旧电池处理规定》等相对具体的规定和措施，以此促进行业发展。与此同时，德国采取双元系统模式和双轨制回收系统（DSD），允许成立非政府组织，其业务是专门接受企业的委托，对产生的生产生活包装废弃物进行分类收集和回收，然后运送至相应的资源循环处理厂家进行再利用，这样有效地提高了原材料资源的利用率，也使普通民众参与进来，并将整个生产和消费系统统一为闭环的循环经济系统。上述立法措施极大地促进了德国循环经济的发展。

德国的废旧物资回收手段主要是二元回收系统的建立和"绿点"标志、产品责任制、抵押金制度，等等。21世纪初期，德国的企业生产垃圾和居民生活垃圾的回收利用率分别达到58%和57%，某些种类垃圾的回收率甚至更高，譬如包装材料约80%、建筑垃圾为86%、旧纸张约80%、旧电池为82%、废铁回收约为93%，再生铝消费量占铝总产量的53%。近年来，随着各项技术水平的提高以及全球性资源环境问题的加剧，这些废料的再生利用率更高。

上述事实充分表明，德国通过多种方式组合，如立法、财政补贴、税收优惠、政策推动和规模经营等，极大地推动了国内再生资源产业的发展和循环经济模式的实行，使现代化循环经济体系能够在德国成功构建起来，并得到极大的舆论支持和有效的实际行动，强有力地保护了各类自然资源、能源和民众的健康。德国是全球废旧物资再生利用率最高的国家，由此节约了大量的能源和原材料，不仅惠及本国，而且惠及全球和子孙后代，这是可持续的资源管理的目标。

4. 日本二次资源利用现状

日本由于本土自然资源缺乏，工业原料大部分从国外进口，又因为国内市场狭小，工业产品需要销往海外。因此，日本从很早开始就非常注重回收废旧资源，并加以利用，也是全球实践循环经济的榜样。

几乎所有领域中使用过的机电产品、运输机、电机产品等相关报废产品所含的废钢铁、废铝、废铜等金属，日本对其分别加以回收和拆解，并分别加以统计，在日本经产省的商业统计名录中分为废钢铁拆解批发行业和废有色金属拆解批发行业。21世纪初，日本国内从事废旧金属回收和拆解行业的商业公司就达到了5600家，相关从业人数共计2.9万人，平均年销售额9000亿日元以上。其中，废旧汽车拆解业在日本的再生金属行业中有将近4800家公司，占很大比重，但是实际上登记在册的、能够进行规模化运作的大约有1000家公司，从业人数约为1.5万人，其余都是规模相对较小的公司。在那个时期，日本拥有切片设备大概180处，生产处理能力为540万吨左右的切片，而实际用于汽车切片的是其中的130处左右，设备的运转效率也只是44%左右，每年处理400万台废汽车产生的汽车切片仅为 70 万吨，另外，日本国土狭小，垃圾填埋场已严重不足。因此，日本政府意识到不能对回收的废汽车切片进行简单的填埋，而要进行高技术处理，于是在 2005 年 1 月颁布了《汽车再生利用法》，该法要求汽车生产厂家要对自产的废汽车切片采用高技术处理，避免直接填埋。另外，日本的二手汽车配件市场在当时也很活跃，从业公司数量高达 1400 家，其市场规模达 3000 亿日元。该规模随着《汽车再生利用法》的颁布实施还将进一步扩大。当时有 41 处处理 21 世纪初实施的 4 种家电产品的设施正在运转，要将其再生利用，曾处理 1000 万台共计 40 万吨的废家电产品，从中回收有色金属和黑色金属共计 20 万吨。这部法律在日本的顺利实施，使人们普遍认为其他类似的法律法规也将会顺理成章地实施。

使用过的废弃产品作为再生资源的来源（不含工厂内产生的金属边角料和下脚料），按照日本原通产省在 2000 年实施循环经济时设想的数据，废旧产品数量前 10 位的顺序是：废旧汽车产生量为 552 万吨，其中，铁、铝、铜含量分别为 71%、18%、1%；建筑机械大约 400 万吨，铁、铝、铜的含量比例分别为 71%、19%、3%；食品铁易拉罐 135 万吨，铝含量为 1%；电线大约 135 万吨，其中的铝含量仅为 4%；各种废旧家电 65 万吨；铝建材 44 万吨，铝含量大约为 10%；铝易拉罐 28 万吨，铝含量 95% 以上；摩托车 19 万吨，铁、铝含量分别是 60% 和 12%；自动售货机产生量是 11 万吨，铁、铝、铜金属含量分别为 8%、11% 和 11%；报废自行车产生量是 9.8 万吨，铁、铜含量分别是 76% 和 0.5%。另外，根据日本在 2001 年起实施的修订版《资源有效利用促进法》，即使是在之前的再生利用法律中未作具体规定的产品，也有再生利用的义务。上述数量比较巨大的各项废品都由各自行业根据实际情况自行制定回收率、再资源化率等相关指标，也都在积极努力争取完成所定指标。由此，日本各个行业的废品回收率和再资源化率都比较高，不仅能在很大程度上弥补其先天资源缺乏的不足，保持其在国际上的大国地位，并且能维持山清水秀的国内环境。

5. 法国二次资源利用现状

法国作为西方工业大国之一，在现代工业高度发达、居民生活质量不断提高的新形势下，同西方许多国家一样，也面临着矿产资源不足、环境污染加重的双重压力，因此切实治理工业废料污染、合理回收处理废旧金属、实现废旧金属的循环利用就成为法国经济发展中的一个热点问题而越来越受到人们的普遍重视，废旧金属回收处理行业也因此而日渐兴旺。

在法国，目前锁在仓库里闲置和等待淘汰的电器大大小小多达 4.45 亿台（套）；而每年正在使用的电器大约有 150 万吨，相当于每个居民拥有 13 千克。除电气和电子器件外，汽车、火车、船舶、飞机等各类交通工具，采矿、选矿、冶金、化工、机械等各类设备目前进入更新换代、报废淘汰的数量也相当可观，其中大部分废旧金属、塑料、玻璃等有价物质均可回收处理，实现循环利用。这些废旧物资如不加处理，随意堆放或丢弃，不仅要占用大片宝贵的空间，对环境造成有害影响，而且也是对人类资源的极大浪费，在目前地球矿物资源日渐短缺、防止环境污染呼声日益高涨的氛围下，合理回收处理废旧金属，实现废旧物资的循环利用就成为当务之急。

由于欧盟自 2006 年 1 月起实行新的车辆拆解分类规定，法国汽车拆解企业正与标致（Peugeot）和雷诺（Renault）等汽车生产厂商联合，提高报废车辆的拆解、处理能力，经过分拣、处理后的废旧钢铁已远销印度和中国，成为一些大型钢铁生产企业重要的原料来源，废旧钢铁价格也一路攀升。从 2003 年初到 2004 年底，法国的废钢铁价格已从 144 欧元上涨到 250 欧元，有些大钢铁厂利用废旧钢铁的比例已占到 15%。2004 年，法国废钢铁销售额比 2003 年增长了 7%，销售额达 27 亿欧元，废旧有色金属销售额增长了 20%，达到 26 亿欧元，而且销路一直看好。瑞典一家大型电子废料处理厂 2004 年就回收处理生产铜 23 万吨，锌 4 万吨，白银 475 吨，黄金 15 吨，取得了丰厚的利润。

随着科学技术的发展及废旧金属材料累积量的增加，法国废旧金属的回收处理正由小到大、由分散到集中、由家庭式经营向集团规模化经营转变，回收处理行业的经济效益也逐年增加，显示了废旧金属回收处理不仅是保护环境、实现资源的循环利用的需要，同时也是企业在激烈的市场竞争中寻求生存发展机遇、增加利润空间的重要举措，是大有可为的新兴行业。

（1）征收电器回收处理费。按法国现行规定，向电器生产厂商征收电器回收处理费，如每台吹风机征收 3 欧元，每台电冰箱征收 17 欧元等，再由国家将这些资金用于回收处理补贴。这样可以大大促进回收处理行业的发展。2013 年，法国回收处理的废旧电器人均达到 6 千克，而瑞典 2006 年人均达到 9 千克。

（2）回收处理企业与产品生产。2001 年法国的回收处理企业同标致汽车集团和雷诺汽车公司联合组建了德莫特罗尼克（Demotronic）回收公司，该公司生产的再生金属年产量已由最初的 600 吨增加到目前的 3000 吨，拥有 150 多家客户，前不久又在里昂地区建立了一个废物收集站，到 2009 年该公司年产量达到了 1.6 万吨。回收处理企业同生产企业联营，不仅有助于生产企业研发循环利用产品、提高废旧金属再利用水平，而且由于共同承担环境保护风险，减少了许多因污染而引发的纠纷。

（3）提高废旧金属回收处理企业的集中度。由于废旧金属累计量不断增加，废旧金属回收处理技术不断完善，回收处理企业经济效益逐步提高，为回收处理企业实现现代化和规模化创造了条件。

目前，法国的废旧金属回收处理企业和荷兰一家公司合资组建了法国北部设备厂，2012 年每年处理电脑 1000 吨，家用电器 2 万吨，电冰箱 22.5 万台，电视机 14 万台。法国苏伊士（Suez）公司同法国国营铁路局（SNCF）子公司若迪斯（Geodis）公司组建回收电子产品及报废车辆联合公司，并同布芬恩（Braun）、赫夫莱特—帕卡德（Hewlett-Packard）等公司组建利益共同体，并签订为期三年的电气及电子产品回收合同。法国一家废纸回收公司目前已将其业务范围扩张到工业废料领域，年处理工业废料超过 130 万吨，职工人数近千名，再生物资销售收入已占其销售收入的 1/3。法国巴尔廷（Bartin）废旧金属回收处理公司最近15 年的销售收入已由 500 万欧元增加到 1.7 亿欧元，该公司希望今后 5 年内能将其销售收入再翻一番，其中向国外的销售份额能占到50%。该公司在拉扎尔德（Lazard）银行的支持下，在夏托鲁（Chateauroux）原北约飞机场建立了欧洲第一家大型飞机拆解利用设备厂，每年废旧金属销售量超过300万吨，该公司已在美国和墨西哥设立了分公司，其客户已遍布五大洲。

6. 英国二次资源利用现状

英国是世界上五大金属废旧料出口国之一。金属制造业继续成为英国最大的制造业部门之一，相比于汽车和航天工业，这个行业雇用了更多的工人，为英国经济贡献了更多的价值。2005年，英国回收利用了1300万吨金属。其中，40%供英国国内使用，剩下的60%出口到世界各地。

（二）全球及典型发达国家铝的循环利用

1. 全球铝的循环利用

铝作为世界最大的结构性金属，被广泛用于建筑业、包装、交通运输、电信电缆、家用电器等领域，如图6-2所示。在整个铝工业原材料中，二次铝资源所占比重日益扩大，在部分发达的工业化国家里，再生铝与原铝的产量比例已接近或超出1:1。

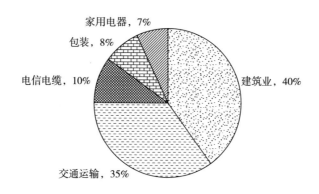

图6-2　全球铝资源应用领域分布

资料来源：ICA。

再生铝行业发展主要是依靠回收数量庞大的建筑业、汽车工业、航天工业、电器电子工业以及包装业的废铝铸件尤其是铝制饮料罐（易拉罐回收率比较高且量大）等。对于全球范围来说，航天工业和汽车工业的废铝回收率基本上可以达到90%～95%，是回收率最高的行业；其次是建筑业，废铝回收率在80%～85%；紧接着是废铝罐，虽然回收率相对比较高，但是变化范围（在30%～90%不等）比较大。欧洲一些特别注重环保的国家，它们的废铝罐回收率特别高，达到95%以上，如挪威和瑞典；而北美国家的废铝罐回收率比较低，在50%左右，2013年美国回收废铝罐500亿个，重量为67万吨。一些经济相对落后的国家，印度和巴西也是比较重视回收废饮料罐的国家，巴西在2013年回收了80亿个废铝罐，重量大约是11万吨，回收率达到了85%。根据国际铝业协会的估计，全球每年的铝金属回收总量约为1200万吨。

1900～2012年，全球累计生产了14.1亿吨的铝，包括11亿吨的一次铝和3.07亿的二次铝，因此，全球22%的铝生产是依靠二次铝的循环利用得以保障的。全球的二次铝产量从2000吨增加到1469万吨，第二次世界大战后全球二次铝占比基本稳定在20%左右，2013年，全球二次铝占比为23.4%，如图6-3所示。

1900～2012年，全球新料二次铝产量从1500吨增加到690万吨，累计生产了1.42亿吨的新料二次铝，全球新料二次铝占二次铝的比例为47%。该期间全球旧料二次铝产量从800吨增加到778万吨，累计生产旧料二次铝1.65亿吨，旧料二次铝占二次铝的比例为53%，如图6-4所示。

2. 美国铝的循环利用

铝是美国最新和最广泛使用的基本有色金属。1900～2012年美国累计生产二次铝1.19亿吨，其间美国国内回收了9831万吨旧废铝，净出口了1387万吨废铝，美国国内回收废铝的14%用于出口，是世界上主要的废铝输出国。1900～2012年美国二次铝的生产占比和消费占比分别为38%和44%，对美国铝消费的贡献率较高，如图6-5所示。

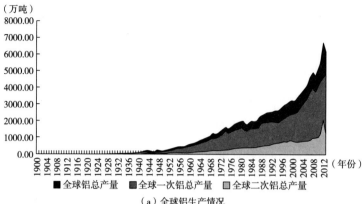

（a）全球铝生产情况

（b）全球二次铝占比变化

图 6-3　1900~2012 年全球二次铝生产和占比的变化趋势

资料来源：USGS。

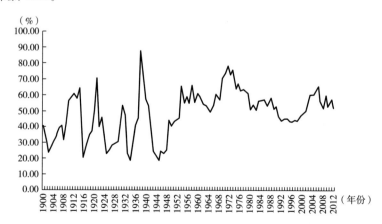

图 6-4　1900~2012 年全球旧料二次铝占比的变化趋势

资料来源：USGS。

图 6-5 1900~2012 年美国二次铝生产占比和消费占比变化趋势

资料来源：USGS。

1900 年美国回收新废铝和旧废铝分别为 100 吨和 200 吨；1993 年和 2006 年美国回收的新废铝两次达到了峰值 166 万吨；而旧废铝的回收持续平稳增长，2008 年达到峰值 280 万吨。2013 年美国回收的新废铝和旧废铝分别为 124 万吨和 184 万吨。1900~2013 年美国累计回收新废铝量 4832 万吨，累计回收旧废铝 9831 万吨，累计净出口旧废铝 1387 万吨，美国累计回收废铝为 1.46 亿吨，如图 6-6 所示。

3. 德国铝的循环利用

1900~2012 年德国累计生产二次铝 2552 万吨，包括 837 万吨旧料二次铝，其间德国国内累计回收废铝 1755 万吨，累计净出口废铝 170 万吨，总体上是废铝输出国。1900~1990 年德国累计净进口废铝 245 万吨，1991~2012 年德国累计净出口废铝 403 万吨，可以说德国 1991 年起从全球主要废铝输入国转为废铝输出国。德国二次铝生产占比和消费占比分别为 44.4% 和 38.6%，旧料二次铝占消费量比例为 7.2%，如图 6-7 所示。

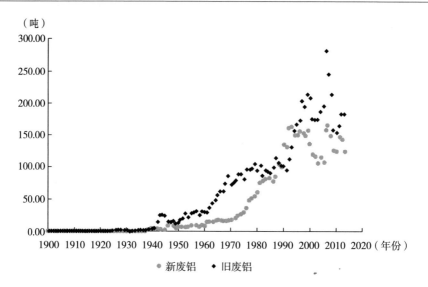

图 6-6　1900~2013 年美国回收废铝变化趋势

资料来源：USGS。

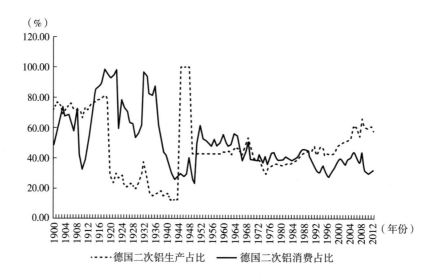

图 6-7　1900~2012 年德国二次铝生产占比和消费占比变化趋势

资料来源：USGS。

1900 年德国回收的新废铝和旧废铝分别为 79 吨和 4 吨。2007 年德国回收的新废铝达到峰值 40 万吨，2013 年回收的新废铝和旧废铝分别为 32 万吨和 81 万吨。1900~2013 年德国累计回收新废铝 1182 万吨，累计回收旧废铝 1755 万吨，累计净进口旧废铝 170 万吨，如图 6-8 所示。

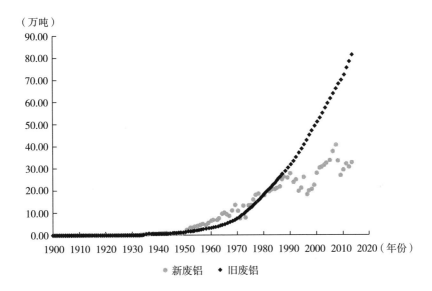

图 6-8 1900~2013 年德国回收废铝变化趋势

资料来源：ICSG。

4. 日本铝的循环利用

日本从 20 世纪 70 年代起利用铝矿石冶炼铝金属，曾经最高的年产量超过 100 万吨。但因电解铝金属的耗电量大，用电成本太高，日本公司难以承受，因此逐渐退出此行业。一直到 80 年代中期，仅剩 1 家公司仍然在生产铝金属，该公司虽然拥有自己的水力发电站，但其产量也不大，一般在 1 万吨以下。而 21 世纪以来，日本所需新铝锭的 99%，大约 210 万吨均是从国外进口而来的。利用废铝生产再生铝所耗用的能源是从铝矿石中冶炼原生铝所耗用能源量的 31% 左右，所以日本致力于生产再生铝，国内的再生铝生产厂家每年大约可以生产 120 万吨的再生铝锭，大约 57 万吨的再生铝锭是进口的。日本国内的铝金属总需求量大约是400万吨，再生铝锭的需求量约为200万吨，再生铝锭的比例保持在50%左右。

在日本，铝金属主要用于土木建筑、运输、金属制品、挤压件、压铸件、轧制板等常用领域。另外，日本国内也大力回收从饮罐、加工型材、铝门窗等领域产生的废铝料，回收量可达140万吨，再加上每年总量可达到150万吨左右的进口废铝料。为了促进废铝的回收和再生利用，保证资源的持续供应，日本在2000年6月颁布了《循环型经济社会形成推进基本法》，之后从2003年3月起开始陆续策划和制定具体领域循环利用资源的基本计划，随着2004年的《汽车再生利用法》《家电再生利用法》等一系列相关法律的相继实施，日本的废旧金属回收利用行业发生了巨大变化。

1900~2010年，日本累计生产二次铝4563万吨，包括1207万吨的旧料二次铝，其间日本国内累计回收3320万吨的废铝，累计净进口703万吨的废铝，日本进口了相当于国内回收废铝21%的废铝，是全球主要废铝输入国。日本二次铝生产占比和消费占比分别为72%和51%，旧料二次铝消费占比为14%，如图6-9所示。

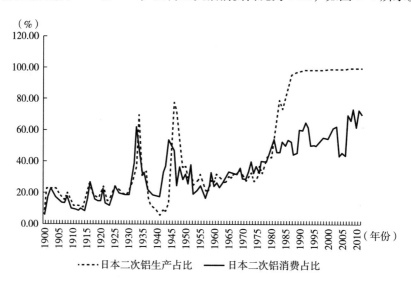

图6-9 1900~2010年日本二次铝生产占比和消费占比变化趋势

资料来源：USGS。

1900 年日本回收新废铝和旧废铝分别为 110 吨和 10 吨；1992 年日本回收的新废铝达到了峰值 84 万吨，旧废铝回收则持续增长，2013 年日本回收的新废铝和旧废铝分别为 45 万吨和 130 万吨。1900～2013 年日本累计回收新废铝量达 2241 万吨，累计回收旧废铝 3320 万吨，累计净进口旧废铝 703 万吨，日本回收 5561 万吨，如图 6-10 所示。

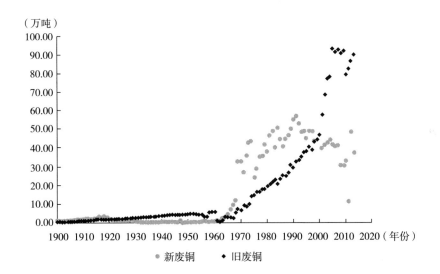

图 6-10 1900～2013 年日本回收废铝变化趋势

资料来源：ICSG。

5. 法国铝的循环利用

1900～2012 年法国累计生产二次铝 980 万吨，包括 446 万吨的旧料二次铝，其间法国国内回收废铝累计 1610 万吨，累计净出口废铝 213 万吨，法国国内回收废铝的 13% 用于出口，是全球主要的废铝输出国。法国二次铝生产占比和消费占比分别为 30% 和 27%，旧料二次铝占消费量的比例为 12%，如图 6-11 所示。

1900 年法国回收新废铝和旧废铝分别为 100 吨和 14 吨；2000 年法国回收的

新废铝达到峰值 13.8 万吨，2013 年英国回收的新废铝 8.6 万吨、旧废铝 52 万吨。1900~2013 年法国累计回收新废铝 533 万吨，累计回收旧废铝 1610 万吨，累计净出口旧废铝 213 万吨，如图 6-12 所示。

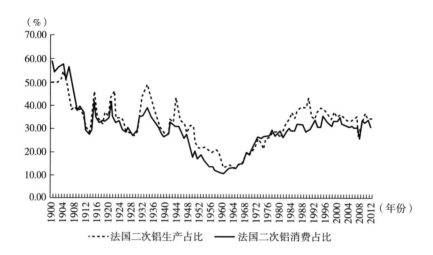

图 6-11　1900~2012 年法国二次铝生产占比和消费占比的变化趋势

资料来源：ICSG。

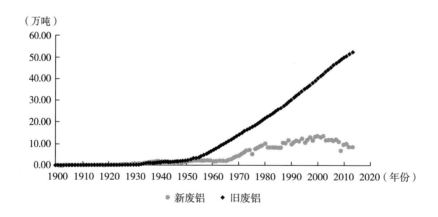

图 6-12　1900~2013 年法国回收废铝变化趋势

资料来源：ICSG。

6. 英国铝的循环利用

1900~2012 年英国累计生产二次铝 836 万吨，包括 323 万吨的旧料二次铝，其间英国国内累计回收了 640 万吨的废铝，累计净进口了 500 万吨的废铝，英国累计进口了相当于国内回收废铝 78% 的废铝，废铝对外依存度高，是主要废铝输入国。英国二次铝生产占比和消费占比分别为 39% 和 41%，旧料二次铝消费占比为 16%，如图 6-13 所示。

图 6-13　1900~2012 年英国二次铝生产占比和消费占比变化趋势

1900 年英国的铝消费量 143 吨，仅为同期美国的 1/16，而后整体经历了上升和下降阶段，发展趋势曲线呈现倒 "U" 形。英国的铝消费经历了第二次世界大战后的两次快速增长，以及经济大萧条和 "二战" 结束初期的快速下降后，英国铝消费量自 1950 年开始快速上升，1974 年达到第一个峰值点 49 万吨，而后受 1973~1984 年美国经济危机影响，英国的铝消费大幅下降，1986 年经济复苏后铝消费量开始上升，2000 年达到第二个峰值点 58 万吨，而后快速下降。2012 年英国铝消费量为 27 万吨，为峰值的 1/2，如图 6-14 所示。

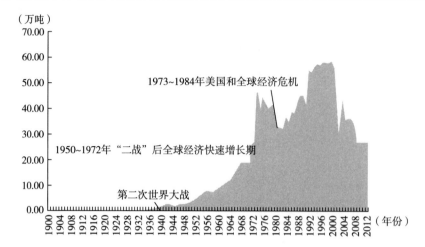

图 6-14　1900~2012 年英国铝消费量变化趋势

资料来源：USGS。

　　1900 年英国回收新废铝和旧废铝分别为 100 吨和 6 吨；1995 年英国回收新废铝达到峰值 21 万吨，2013 年英国回收的新废铝和旧废铝分别为 3.4 万吨和 23 万吨。1900~2013 年英国累计回收新废铝量达 513 万吨，累计回收旧废铝 639 万吨，累计净出口旧废铝 504 万吨，累计回收废铝 1152 万吨，如图 6-15 所示。

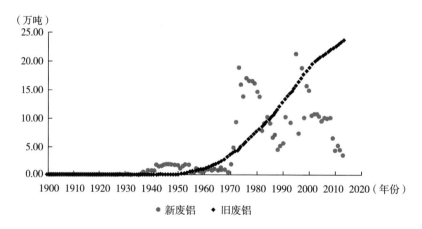

图 6-15　1900~2013 年英国回收废铝变化趋势

资料来源：ICSG。

（三）中国二次资源利用及铝的循环利用现状

1. 中国二次资源利用现状

我国再生金属的主要回收和利用区域集中在辽宁、河北、天津、山东、河南、江苏、湖北、安徽、上海、浙江、湖南、江西、福建、广东、广西和四川等地，这些区域 2011 年再生铜产量合计 1687724 吨，占全国 1800579 吨总产量的 93.7%；再生铅产量合计 1200793 吨，占全国 1404435 吨总产量的 85.5%；再生锌产量合计 117361 吨，占全国 173129 吨总产量的 67.8%。

（1）成渝经济区的二次资源利用现状。

四川省由于是内陆省份，所以废旧金属产业的发展特点是以回收为"主业"。目前的废旧金属回收集散地区主要集中在成都、达州和内江地区：成都市重要的废金属回收集散地；达州的南外镇有两三百家废金属回收企业；内江的废旧物资交易市场则是中国西南地区最大的废旧物资回收、加工、销售集散地。

2006 年，成都市的再生资源回收行业开始起步，2011 年，成都市再生资源回收体系回收量 156 万吨，回收交易额 33 亿元，实现利税 2.44 亿元，解决 5100 多名下岗人员和农民工就业。2012 年 9 月，国家商务部流通产业促进中心在督查回收体系建设项目后，给出评价：成都是全国再生资源回收体系建设一个值得推广的典型。首先，成都市再生资源回收体系已形成了分工明确的分拣中心、社区回收网点、回收利用基地项目等，为保证"进""出"的渠道顺畅打通了"关节"。例如，成都市武侯区再生资源回收市场，废铁的分拣、分装、压缩打包都是在流水线上有序进行，该市场每天能"消化"成都市的几百吨"废品"。废旧金属直接卖给攀钢等周边制造企业，非金属类就运送到广汉、新津、重庆等工厂。所有的企业都要求环保达标，以杜绝对环境造成二次污染。

成都市目前已建成 1530 个规范的社区回收站点、4 个分拣中心和 13 个标准再生资源市场，构建起"回收"的平台；10 多家再生资源行业龙头企业，肩负"利用"的使命。成都市废旧回收利用业从业人员规模已达 10 万余人；已有的废金属集散地有：省供销社控股的四川省再生资源市场（新都）、成华再生资源回收市场（三环外龙潭寺街道）、新津县西部最大的废旧铜和铝的集散基地、双流县黄水镇再生资源回收交易市场等。为减少污染，城市内的回收站点已逐步外迁至三环路甚至绕城高速以外区域，位于彭州、新津的 2 个大型再生资源回收利用基地也正在紧张建设中。达州南外镇由于毗邻大型企业达钢而成为废钢的重要回收集散地。中国再生资源开发公司在内江市牛棚子村投资开发西南最大的废旧物资（塑料、玻璃和废金属）交易市场和西南再生资源产业园，使其成为西南地区最大的废塑料、废玻璃和废金属的回收、贸易、加工集散地。

2011 年，四川省精炼铜产量 4108 吨（包含少量再生铜），重庆市精炼铜10390 吨，其全部为矿产铜；四川省原铝产量 792578 吨，重庆市为 158586 吨；四川省铅产量无数据，重庆市铅产量 59760 吨，全部为再生铅；四川省锌产量278522 吨，全部为矿产锌，重庆市锌产量 41656 吨，其中再生铅 20611 吨。

（2）东北老工业区的二次资源利用现状。

近年来，随着老工业基地振兴不断深入，资源短缺和环境安全已成为制约东北地区经济快速发展的瓶颈，东北老工业区仍是以辽宁省重工业为主，而辽宁省大力发展城市矿山和建设再生资源产业园区则为实现环境与经济双赢提供了重要平台，这也是辽宁省开发城市矿山、促进固体废物资源化利用、减少二次污染的重要举措。

2011 年辽宁省粗钢产量 5177 万吨，吉林省粗钢产量 1174 万吨，黑龙江省粗钢产量 697 万吨。2011 年辽宁省精炼铜产量 115837 吨，其中再生铜产量 47296吨；吉林省精炼铜产量 850 吨，全部为矿产铜；黑龙江省精炼铜产量 2925 吨，全部为电积铜。2011 年辽宁省原铝产量 211548 吨，吉林、黑龙江无数据。2011年辽宁省铅产量 19726 吨，其中再生铅产量 3922 吨；吉林、黑龙江无数据。2011 年辽宁省锌产量为 335397 吨，全部为矿产锌；吉林、黑龙江无数据。

辽宁省作为重化工业基地，每年产生的固体废物超过 2.6 亿吨，位居全国前列。为最大限度地开发利用固废资源，提高管理和资源综合利用水平，化解环境安全隐患，辽宁省制定并发布了《辽宁省"十二五"再生资源产业园及危险废物重点处置项目建设规划》，明确提出 3533 模式，即："三 R"原则（减量化、再利用、资源化），"五化"目标（园区化、规范化、产业化、生态化和高技术化），"三有"要件（有园区规划、有规划环评、有固废专门管理队伍），三方机制（社会、市场、政府三方合力推进园区建设）。

辽宁省已规划建设 20 个再生资源产业园区，68 个重点项目。目前，18 个园区已经启动建设，12 个园区完成了规划和规划环评，13 个园区建立了固废专门管理队伍。已经建成投入运行的 8 个园区投产企业 54 家、解决就业 2940 人，2011 年实现产值 53.56 亿元、利税 8.36 亿元。

辽宁省已有的二次资源再生基地是营口开发区的东北最大塑料回收利用集散地，阜新细河镇和锦州里山镇的塑料回收集散地；丹东东港市再生资源产业园；大石桥的废旧铝集散与利用基地；位于辽中县的沈阳废旧金属再生园（包括废金属现货交易区、废金属破碎生产线、废家电处理生产线、再制造加工区的建设、废黑色金属深加工区、废有色金属深加工区和公共服务区等建设）。

辽宁东港再生资源产业园 2013 年一期已经正式投产，根据园区整体功能划分为废旧金属加工区、废旧塑料加工区、汽车压块加工区、海关、国检、港务、银行等监管区、办公及生活区、再生资源拆解加工研发中心、职工培训中心、职工生活服务区、交易仓储区、污水处理及固体废物集中处理中心等。园区计划引进相关配套企业 500 家，年处理能力为：废电机、废线缆、废五金 220 万吨，生产废钢铁 100 万吨，废铜 100 万吨，废铝 40 万吨，废塑料 40 万吨。

辽宁大石桥再生金属回收利用产业园依托"辽宁省华侨创业基地"，利用侨资建设各种有色金属再生资源回收、加工、再利用为主要内容的循环经济产业园区。项目一期工程主要用于再生资源的回收、拆卸、市场交易和物流中心建设，可容纳经销户 300 家左右。项目二期工程主要用于再生能源深加工、技术研发、装备制造、新材料新能源技术的推广、人员培训、国际环保和可再生能源技术交流平台等延展产业。一期工程已经竣工投产，每年可提供再生铜 15 万吨、再生铝 20 万吨及镍、铅、锌等其他废旧有色金属 10 万吨，年交易额可达 120 亿元。

大连再生资源交易所是中国供销集团的全资子公司，是中国供销集团打造现代流通经营模式的创新举措。大连再生资源交易所于 2012 年 7 月 12 日注册成立运行，向社会提供完善的现货交易、交割、结算、物流监管、信息资讯、商品融资和人才培训服务，搭建一个高效、安全的大宗商品交易平台。大连再生资源交易所将紧紧围绕供销社再生资源、农副产品等传统业务领域发展交易品种，积极推动行业模式的转变和产业升级。其中涉及的再生金属主要是再生钢、再生铜。

（3）京津冀经济区二次资源利用现状。

河北省是我国矿产资源生产和消费大省，我国钢铁产业的重要生产地，2012 年产钢在 1.64 亿吨以上，比全球钢产量第二的日本多出至少 5000 万吨，是美国全国产量的 1.8 倍，印度的 2.1 倍，俄罗斯的 2.33 倍，德国的 3.85 倍，与欧盟 27 国的钢产量总和相当。其再生金属回收利用的主要种类是再生钢、铜、锌，其集散地分布于保定市的安新西淀，邢台市废旧钢材市场，望都的废旧钢铁、铜合金、进口与加工园区，以及文安东都再生资源环保产业基地。2011 年河北省再生铜产量 122455 吨，再生锌的产量 4144 吨。

文安东都再生资源环保产业园位于河北省廊坊市文安县，处于北京、天津、保定三市鼎足交会之处，是环渤海经济圈的核心位置，北距北京 120 千米、东距天津 80 千米。是河北省唯一一家经国家环保总局复函批准建设（环境函〔2005〕53 号文）并被列为河北省 2005 年重点建设项目（冀重办〔2005〕18 号文）的再生资源环保产业园区，2007 年初又被河北省作为发展循环经济重点领域大力扶持。园区规划总占地面积 3692 亩，其中拆解用地 3001 亩。是专门从事拆解国家限制进口的可作为再生原料的第七类、第十类、汽车压块及电子信息产品废物的产业园区。基础设施达到"五通一平一绿"，即通路、给水、排水、供电、通信、土地平整、绿化。总投资近 14 亿元，年规划拆解量废七类 100 万吨，废十类 30 万吨，汽车压块 8 万辆。园区严格按照国家环保总局 2005 年发布的《废旧机电产品集中拆解利用处置区环境保护技术规范》要求开发建设，建有办公楼（包括交易大厅、商务中心、行政一站式服务厅）、职工宿舍楼、污水处理和固废焚烧等配套设施，最终形成"一条龙"式的"圈区管理"模式。文安县是河北省经济强县之一，钢铁年炼铸能力 200 万吨，轧、镀等压延业加工能力 400 万吨。其周边地区的霸州、胜芳、大城等炼铸和加工钢铁及有色金属能力接近 1500 万吨。此外，文安不仅是全国最大的二手机床集散地，年交易量 7 万台，而且是北方最大的再生塑料集散地，年加工再生塑料 45 万吨。120 千米范围内分布着三大主要经济中心城市——北京、天津、保定。三个城市是我国北方汽车工业的中心，同时也是我国北方有色金属加工生产的重要园区，资源需求量较大。

天津市的再生金属主要是位于静海县的子牙循环经济产业园，是目前我国最大的循环经济园区，园区现有企业 160 家，年吞吐能力 100 万吨，正常投产后可生产再生铁 20 万吨，再生铜 40 万吨，再生铝 15 万吨。2011 年天津市再生铜产量 16634 吨，基本上来自盖园区的生产。

静海县子牙镇及其周边地区的废旧金属拆解业源于 20 世纪 80 年代初期，经 90 年代中期迅速发展，至今逐步形成了具有区域特色的再生资源生产加工型规模经济。子牙环保产业园成立于 2003 年 11 月 20 日。目前，园区及周边地区年拆解总量达到 100 万吨，从业人员达到 2 万余人，已成为我国北方最大的有色金属集散地。"十一五"规划中园区占地面积 10 平方千米，到 2010 年，园区规划开发 20 平方千米，园区总体发展定位是：中国北方唯一的国家级第七类废物拆解示范基地、高新技术环保产业基地和有色金属深加工基地，建设成为国家级再生资源综合利用示范园区、科技成果孵化和辐射区及现代有色金属制造专业园区，初步形成废物回收利用专区、仓储物流区、污染防治消除区、有色金属深加工区、生产经营服务区、科技研发区等层次清晰、结构比较合理的园区空间和产业布局。

（4）长三角经济区二次资源利用现状。

中国长江三角经济区既是我国的矿产资源主要消费区，其制造业的大力发展，使其对矿产资源的需求量逐年增加。但长三角经济区又是我国矿产资源相对贫乏的地区。因此，大宗矿产资源的回收利用成为解决资源短缺矛盾的主要手段之一。目前，上海、江苏、浙江等地区的二次资源利用主要依靠进口和国内回收废旧金属拆解，再生园区的建设圈区管理就显得尤为重要。国家先后在太仓港、永康、台州、宁波等地批准建立了国家级再生资源园区。

江苏太仓港再生资源进口加工区，位于江苏省太仓市浮桥镇，占地10万平方千米，由太仓市人民政府投资运营，采取统一征地、统一建设污水和垃圾处理设施，再将地出售给企业，由企业自己出资建厂房经营。该园区以废钢铁、废有色金属及其他废稀贵金属等再生资源进口加工综合利用为主。

宁波市再生金属资源加工园区。位于浙江省宁波市镇海区后海塘九号，占地面积3000亩，由宁波镇海区、园区开发公司投资运营。已投入资金5.9亿元，开发面积136公顷，建成64个生产加工区。2003年10月被国家环保总局等有关部委列为全国进口再生资源"圈区管理"试点园区，实行统一建厂房、绿化带，统一建设污水和垃圾处理设施，统一建员工生活区，然后将厂房出租给企业经营，环保、海关、质检统一监管，是加工园区中较好的一种模式。园区投资规模大，政府参与并承担一定风险，只有经济十分发达的地区才有可能建设这种规模的加工园区。主要进口国家允许的第六类和第七类可做原料的金属废物进行拆解、加工。年生产加工能力达155万吨；污水处理厂日处理污水可达3万吨。

永康废旧金属材料市场。位于浙江永康芝英，占地84500平方米，由永康市物华回收有限公司投资运营。2003~2008年，计划追加投资3000万元，完成市场二期工程建设。新建、改建、扩建市场面积4万平方米，新建营业房400间。二期工程启用后，市场营业厂房达到800间，经营户700户，从业人员1500人。到2008年市场废旧金属交易额达60亿元，2003~2008年成交额年平均增长15%。市场辐射面达到20个省以上，建立独立的自营进口业务渠道。市场主要经营废旧金属材料，兼营金属成品、半成品。2002年9月投入营运。每月交易额2.5亿元。交易形式有现货交易、期货交易和集市交易，是周边地区废旧金属集散地。市场将成为华东地区最大的废旧金属集散中心，永康及周边地区利废加工企业最大的原材料基地和全国废旧金属信息交流中心。

台州市金属再生园区。位于浙江省台州市路桥区，占地1600亩，总投资6.2亿元，由路桥区政府投资运营。2003年建成，基地内共集聚企业40多家，园区内几家较大规模的固废拆解企业已从单一的废电器拆解—原材料销售，步入拆解回收—产品—再生资源"两头在外"的国际化循环经济模式，台州市共有20多家经国家环保总局批准的第七类非定点加工利用企业，有4万多人从事废旧电机拆解和回收，年拆解量达到220万吨以上。台州市正在考虑调整现有模式，参考"镇海模式"，对现有园区进行整体搬迁，未来产业园区可拟在规划中的滨海工业发展区建设，考虑5000亩用地，分为拆解业区块、资源加工区块、配套服务区块和预留发展区块。滨海工业发展区规划有两个2000～5000吨的码头，固废可直接从码头进入园区，在园区设立海关、商检、环保等工作点，实施封闭式管理。主要进口拆解，国内最大的旧电机拆解基地。

（5）长江中游城市群二次资源利用现状。

长江中游城市群二次资源利用主要是通过湖南汨罗和江西丰城再生金属园区的建设和运行来逐步推进和实施的。

湖南汨罗发展循环经济具有三大优势。一是汨罗再生资源产业的前身是废品收购业，发源于明清时期，延续至今从未间断。现在全市20个乡镇共有2.8万多人从事这一产业，数千名"破烂王"走南闯北，在全国各地从事废品收购。一些土生土长的"泥腿子"老板，腰包开始鼓起来，摩托车棚里赫然停着"奥迪""广本"。二是市场网络健全。到2012年底，全市再生资源市场在全国有1600个收购网点，交易量达68万吨，加工量达30万吨。三是再生资源产业是大物流产业，该市毗邻长株潭城市群，处于武汉、重庆、广州大三角的中心位置，境内京广铁路、京珠高速、107国道、308省道纵横交错，凭借已有的回收网络，可以吞纳更多的可再生资源，区位优势明显。汨罗再生金属园区的建设和运行在赢得经济效益和社会效益的同时，也获取了生态效益。冶炼1吨铜，需消耗135吨铜矿石和54吨标准煤，并产生134吨尾矿和99万立方米废气。而汨罗市一年从回收废铜中产出 6 万吨铜材，相当于 23 家日处理 1000 吨矿石的大型铜矿的生产能力，等于少耗用 810 万吨铜矿石和 324 万吨标准煤，也避免了 800 多万吨铜尾矿和 600 亿立方米废气的产生。

江西丰城市循环经济园区（原丰城市资源循环利用产业基地）总体规划面积 48 平方千米，其中产业区面积 15 平方千米，是江西省第一个省级再生金属拆解、熔炼、加工基地。自 2007 年以来，丰城市依托独具特色的再生资源传统产业基础，充分利用得天独厚的综合比较优势，全力打造再生资源产业集群，再生资源产业发展势头强劲。目前，全市 140 多万总人口中有近 20 万人从事再生资源行业，共有金属废料回收、拆解、熔炼、加工大小企业 200 余家。循环经济园区初步打造形成了再生铝、再生铜、再生塑料等无缝主链条式的三大特色产业集群，其中以园区为主平台的再生铝产业集群已发展成为江西省 60 个省级重点产业集群之一，并建设成为国家级的"中国再生铝基地"。截止到 2014 年底，循环经济园区已有签约入园企业 52 家（其中铜企业 14 家、铝企业 33 家、其他企业 5 家），协议总投资 123 亿元，其中规上企业 14 家，上市企业 3 家，央企、国企 3 家。2014 年，园区再生资源企业实现销售收入已突破 230 亿元，上缴税收约 6 亿元。

（6）珠三角经济区二次资源利用现状。

珠三角经济区再生金属（二次资源）的利用主要是依靠广东大沥、广东清远、福建漳州等地的再生园区建设和经营来促进和发展的。

广东大沥有色金属加工业具有悠久的历史，鸦片战争时的虎门炮台就是在大沥制造的。中华人民共和国成立前大沥人就在广州、香港等地从事小冶炼、压铸、小五金加工等工作。改革开放以来，大沥有色金属贸易交流和加工业开始形成较大规模，铝型材和再生金属成为具有全国影响的两大产业。目前大沥有铝型材、铜材、不锈钢、锌合金、压铸、熔铸、五金工商企业 2000 多家，铜、铝、不锈钢等金属需求总量达每年 200 万吨。2003 年，大沥镇被中国建筑金属结构协会授予"中国铝材第一镇"称号；2004 年，大沥镇被中国有色金属工业协会授予"中国有色金属名镇"称号。

再生金属作为大沥金属加工行业发展的基础，经过几十年的发展，形成了较为完善的废旧五金及再生金属收集、分拣、熔炼、深加工产业链，年回收和拆解进口再生金属总量占全国的近三分之一。具有一定规模的再生金属回收、分拣、深加工工厂100多家，从业人员达3万人。每年以废铝、铜、废旧不锈钢等为主的金属加工流通量达100多万吨，通过分拣、熔炼、深加工后供给当地金属加工企业和其他地区。大沥已经成为国内闻名、国际知名的再生金属集散地。

大沥主要利用国内外两个市场，进口、回收废旧金属，形成了比较完整和相对稳定的回收网络、流通渠道和区域性废金属市场。据海关统计，2003年大沥直接进口废旧金属物资50多万吨，其中铜10万吨、铝20万吨、废不锈钢5万吨、废塑料20万吨，在国内回收废旧金属及边角料约50万吨。此外，每年还有其他区域的废旧金属物资100万吨左右进入大沥，进行交易。利用再生铝合金的下游产业主要是型材加工、摩托车汽车配件、压铸件和铸造业。

广东省清远市五金拆解行业由来已久，清远位于广东省的北部，一直是珠江三角洲制造业原材料的主要供应地。20世纪80年代以来，伴随经济快速发展，珠三角发达地区对再生原料的需求逐步加大，主要集中在清城区石角、龙塘两镇的再生资源拆解行业也逐步发展。广东清远华清循环经济园位于广东省清远市清城区石角镇了哥岩水库东侧，规划4030亩，分期开发建设。一期工程占地750亩，投资总额为5.2亿元，于2006年6月竣工并投入运营，接纳了一百多家废电线电缆、废五金拆解散户入园拆解作业，从业人员4000多人，园区拆解加工废铜、废钢铁、废铝、废塑料能力在每年60万吨左右。二期规划900亩，建设铜材厂、铝材厂、废电器处理中心、固废处理中心、废钢铁分拣加工中心、海关通关验货场和200个拆解厂房等。至2012年底全部建成投产，实现年循环利用各类"城市矿产"资源80万吨，其中，废铜30万吨，废钢铁25万吨，废铝15万吨。三期规划2380亩，建设500个拆解厂房、废钢铁分拣加工中心、废纸分拣加工中心、废旧灯管处理中心、废电池回收处理中心、有色金属商品交易中心和科技研发中心等。2015 年底可以全部投产，实现年循环利用各类"城市矿产"资源 120 万吨，其中：废铜 40 万吨，废钢铁 40 万吨，废铝 20 万吨。

福建全通资源再生工业园由台资投资建设"废物圈区管理园区"，已通过国家环保部、海关总署、国检总局的国家级联合验收，成为福建省唯一一家国家验收合格的"废物圈区管理园区"。园区位于漳州招商局经济技术开发区内，紧邻国家一类开放口岸厦门港招银港区（原漳州港）码头。漳州开发区是为承接对台三通优势及福建的经济发展而创办的国家级经济技术开发区，位于中国东南沿海厦门湾南岸。园区主要招引国内外厂家入驻，经营国内国外废金属、废五金、废弃机电产品、废机械、废运输设备、供再熔的碎料钢铁锭（含废机床、废机车、废机车头等）、废旧塑胶橡胶料、废纺织品、废纤维、废弃电子电器产品及各类国家许可经营的废旧物资的回收、分选、拆解、熔炼铸造或各种再生利用工艺的加工及各类金属塑胶橡胶产品的生产。园区通过 ISO9000、ISO14000 管理体系认证，取得各类资源再生利用经营资格，包括七类定点厂加工利用资格、各类废料进口资格、漳州市电子废物拆解利用处置单位名录、废弃电器电子产品处理资格、危险废物经营许可等。园区内建设有"厦门港再生资源货物查验中心"，是全国第一个由海关总署备案批准的废料监管查验中心；并配套建设污水处理厂等各项污染防制设施和完善的管理制度。

（7）中国二次资源利用存在的问题。

总体实力不强。目前，再生资源利用在中国已形成重要产业。在有色金属废料的供应上已形成国内回收、国外进口和企业内部循环利用三位一体的供应体系。从业人员近 1600 万人，全国物资回收企业有 8000 多家，而且从废杂有色金属的回收、拆解、分选到金属熔炼加工利用等各个环节都形成了完整的体系，成为我国循环经济的重要组成部分，也做出了重要贡献。但我国再生金属回收、拆解、冶炼、加工企业仍处于数量多、规模小、产业集成度不高的状态，特别是由于企业过于分散，回收队伍庞大。国内虽有不少的集散地，但很难发展成具有国际竞争力的再生有色金属企业集团。如美国铝业公司雷诺铝业公司，作为跨国集团，拥有自己的回收网络和再生金属工厂，年产再生铝几十万吨到近百万吨，现已成为美国最大的废铝回收企业。而中国相当多的再生金属企业还是家庭作坊式单位，仍然以手工作业为主，不可能实现工业化大生产。

技术装备水平不高。目前，我国废杂金属拆解、拣选、收集等预处理产业属于劳动密集型产业，以手工操作为主，有近百万农民工参与，机械化和自动化程度很低，这也是我国人力资源丰富才能实现的。在废杂金属加工利用方面，除少数企业回收工艺和装备比较先进，有一定的生产规模、环境保护比较好、金属回收率比较高外，绝大多数企业和个体户都是设备简陋、技术落后、烧损大、能耗高、金属回收率低，而且多金属品种混杂，质量不稳定，难以生产高质量产品。正规的再生铜厂在加强废杂铜分选管理的基础上，根据成分不同的废铜料采取不同的处理工艺，废杂铜资源得到充分合理利用，铜金属回收率可达到 70% ~ 90%，而多数的再生铜厂铜金属回收率不到 50%。目前，以生产高档铜加工产品为主的企业，如金一百铜业、大同铜业等企业使用优质电解铜做原料，而生产中低档产品的企业使用原料则为再生铜，也有将废杂铜直接使用的，企业的产品品质不同所用原料差异较大。

产业集约化程度低，低水平重复建设严重。目前，我国有再生金属企业5000多家，绝大多数是在市场机制调节下自发形成并发展起来的民营企业，大中型骨干企业只占 1% ~ 2%。整个产业集约程度低，处于小、乱、散的状态。由于目前再生有色金属生产效益较好，许多小型企业还在盲目发展，低水平、重复建设严重，小型企业主要从事旧金属回收、生产小五金零配件、压铸件等初级产品或收集、拣选紫杂铜、黄杂铜等原料产品销售，规模小、装备落后、用人多、作业条件差、劳动强度大，由于分散在各个角落，管理难度大，不利于当地综合治理。此外，对周围环境危害大，废气、废水、废渣任意排放，噪声扰民司空见惯。

"城市矿产"仍未得到充分重视。自然界矿产资源一旦被开发，其自然属性就转化为社会属性。某一矿种的物质流过程就是该矿种的社会化过程。从某种意义上说，城市矿产是自然矿产的社会中延续，也是矿产资源循环和利用的一个重要环节。我们国家再生金属的管理和监督部门主要是海关、发改、商务、环保、冶金等部门，作为矿产资源及其产业的重要管理部门的国土资源部门、工信部门仍未真正接入城市矿产的管理中去，理论界也尚无一套完整的城市矿产理论体系。导致我国城市矿产或者二次资源的理论研究和管理仍处于低水平理论指导和监督管理阶段。缺少对全球、典型工业化国家和新兴工业化国家二次资源发展演变规律的总结和二次资源数据信息的调查、整理和评价。美国地质调查局早在1952 年就开始从物质流的角度研究锌的二次资源发展变化情况，并于 1995 年全面开展城市矿产或者二次资源的地质调查和评价工作，英国地质调查局和日本经济产业省也在 20 世纪 80 年代开始大规模开展二次资源的地质调查工作。目前，美国地质调查局、英国地质调查局等国家高水平地质调查网站可以查阅到大量的二次资源发展和变化的数据。

2. 中国铝的循环利用现状

我国的铝土矿矿石品质差，而且资源储量少，仅占世界资源储量的 3%，人均资源储量只有世界平均水平的十分之一，但是我国是世界上铝金属的生产量和消费量都最多的国家，因此我国国内现有的铝资源远远不能支撑我国经济的快速发展和满足人民日常生活的基本需求。不管是理论还是实践都表明，发展再生铝工业可以在一定程度上缓解目前面临的压力，并且还会带来其他方面意想不到的好处。冶炼和生产再生铝的基础性原材料是废杂铝，所以说决定着再生铝行业的发展规模及其产业布局的是废杂铝的数量和地区分布。由于中国的铝生产工业相对于发达国家来说起步较晚，并且长期以来都主要应用在军事领域。直至 20 世纪 80 年代以后，随着改革开放的发展和城市化的基础设施建设，中国的民用原铝消费量和需求量才加速增长。但是当前还处于试点试验阶段，企业规模小、实力弱，目前还没有设立专门的废铝回收部门，也没有建立起完善的废铝回收体系，因此我国废铝产品回收再利用的标准化、规范化程度非常低，浪费现象非常严重。

尽管中国是全球铝消费量最多的国家，并且数量还在不断增长，这为中国再生铝产业发展提供了巨量的废杂铝资源。但是我国所消费的含铝产品时间比较短，尚未进入大规模的报废期，因此，我国目前自产的废杂铝资源数量十分有限，进口铝废料在中国再生铝原料构成中几乎占据半壁江山，是支撑中国再生铝工业的重要支柱。根据初步的实地调查，国内以废铝的回收、集散、再生铝加工及其再利用的区域将近有 20 余个，主要分布在经济相对发达的地区，同时这些区域也基本上是围绕着废杂铝的主要进口地。与此同时，现阶段我国绝大多数的再生铝产业聚集区也自然是分布在东部沿海及内陆口岸地区，主要包括长江三角洲、珠江三角洲、北方的渤海周边地区。上海、南海、天津、台州、大连、永康等废杂铝和再生铝市场便是基于以下原因逐渐发展壮大的：这些区域作为我国经济相对较发达的地区，城市化水平高，是基本金属的主要消费、使用和回收再利用市场，并且具备邻近港口这个得天独厚的条件，能够充分利用国外废旧资源。国境的交界地区也具有良好的边贸供应优势，如黑龙江东宁、新疆乌鲁木齐、绥芬河等地区充分利用与独联体国家接壤的先天条件，形成了一些具有一定规模的再生铝生产企业。在河南、山东、安徽、重庆、新疆等地区，利用国内自产的废杂铝形成了一些再生铝产业基地，虽然分布数量也不少，但是其规模和影响力均远远小于东部沿海地区的再生铝产业区域。

　　纵观中国近年来急剧增长的铝消费量，也导致了大量的生产性废料，即"新废料"的产生数量是以惊人的速度增加的，中国再生铝的行业布局也因此悄悄地发生了变化。在主要的铝金属消费区域，尤其是靠近铝消费厂家的区域新建了许多再生铝工厂，与铝消费厂家相配套。这些再生铝工厂不仅要回收邻近用户在生产过程中产生的铝废料，而且还要负责相应的加工处理，然后向用户供应如铸造铝合金等类型的再生铝产品。工业化国家废铝的主要来源是报废汽车，我国报废汽车的高峰期在 2020 年，我国目前仍是以进口废铝为主的产业布局。

　　回收的废铝品种主要可分为废旧铝型材、板带材及其制品，一般是指废旧型材和以板带材为原料的各种铝制件；废旧铝铸件，主要是以报废汽车、摩托车中的铝压铸件为主；废旧电线、电缆；铝箔材料；废旧包装，又能够细分为全铝易拉罐和其他铝罐，譬如铝质农药罐、化妆品罐、铝质气瓶、啤酒罐、铝质灭火器的铝质高压容器等；报废飞机等航天工业中的铝材；生产加工过程中不可避免的边角料等许多方面和种类（刘培英，2013）。在生产过程中产生的新废铝，有能力、有条件的加工企业一般都会自行处理，直接回收再加工，这样比较方便。对于旧废铝，同样也是经济发展水平高、环保意识较强烈的地区可以做到较高效的回收和利用，而经济发展低或者一般的地区，各类废旧铝资源不能被回收，或者回收后不能被高校利用而造成了巨大的浪费。

中国再生铝产业发轫于20世纪50年代后期，经历20多年的磨难直到70年代后期才形成雏形，主要对废杂铝进行回收利用，但当时工业基础薄弱，再生铝发展规模较小。1956年再生铝仅100吨，1970年再生铝升至3000多吨，1979年3700余吨。20世纪80年代，在改革开放的浪潮拉动下，原铝消费需求非常旺盛，再生铝企业迎来了大发展的时代，众多家庭作坊式企业和小型再生铝厂如雨后春笋快速发展。1984年再生铝为7700吨，1989年降至7200吨。20世纪90年代，中国对外开放的规模进一步扩大，再生铝行业迎来大量的外来投资，进出口贸易也是相当繁荣，进口的废杂铝数量和出口的再生铝制成品规模逐年扩大，与国际再生铝产业接轨的步伐开始逐步加快了。中国再生铝供应量也在快速增加，由1990年的不足万吨攀升至1999年的21万多吨，增长了20多倍。进入21世纪，随着中国经济的快速发展，为了达到全人类节约资源及保护所生存环境的迫切要求，中国再生铝产业进一步发展，其供应量由2000年的75万吨增加到2013年的527.28万吨，年均增幅超过16%。

1900年中国回收的新废铝和旧废铝仅为100吨和10吨，此后，中国新废铝和旧废铝回收都经历了长期缓慢增长。1971年中国旧废铝回收首次超过10万吨，2001年中国新废铝回收超过10万吨，2005年回收的新废铝和旧废铝均超过100万吨，2013年中国回收的新废铝和旧废铝分别达到391万吨和296万吨。

1900~2013年，中国累计回收新废铝2507万吨，累计回收旧料废铝3940万吨，累计净进口废铝 2640 万吨。中国累计回收废铝 6447 万吨，占全球回收废铝的 13%，如图 6-16 所示。

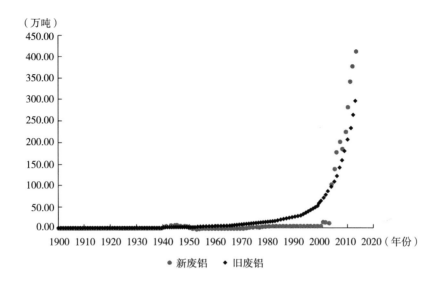

图 6-16　1900～2013 年中国回收废铝变化趋势

资料来源：ICSG。

　　1900 年中国的铝消费量 50 吨，低于同期美国、日本、英国、法国、德国等工业化国家。随后中国的铝消费一直在低水平缓慢增长，1949 年中华人民共和国成立，中国工业生产恢复后，铝的消费量才开始快速增加。此后计划经济体制下的中国铝消费仍呈现小规模慢速增长态势。1978 年随着中国改革开放步伐，铝消费的速度加快，1978 年铝消费量 58 万吨，为 1974 年的 2 倍。1991 年增加到了 120 万吨，首次超过 100 万吨。此后大幅度快速增长，2007 年中国铝消费量超过 1000 万吨，2012 年超过 2000 万吨。2013 年中国铝消费达到 2200 万吨，增长态势仍未发生变化。中国铝大规模消费主要集中在近 20 年，如图 6-17 所示。

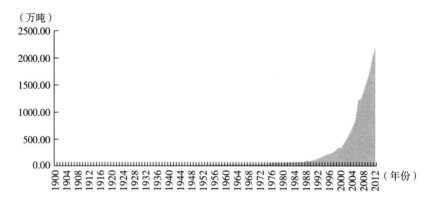

图 6-17 1900~2012 年中国铝消费量变化趋势

资料来源：USGS。

1900 年中国铝累积消费量不到 400 吨，2013 年中国铝累积消费量达到 1.48 亿吨，占同期全球铝累积消费量的 19%。1900~1955 年中国铝累积消费量的增长缓慢，1956 年累积消费量达到 210 万吨，之后增长速度有所加快，1983 年中国铝累积消费量达到了 1000 万吨，1995 年超过 2000 万吨，2000 年超过 3000 万吨，2003 年超过 4000 万吨，2005 年超过 5000 万吨，2010 年超过了 1 亿吨，如图 6-18 所示。

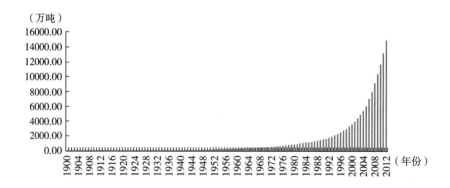

图 6-18 1900~2012 年中国铝累积消费量变化趋势

资料来源：USGS。

通过前面分析可以发现，中国铝累积消费量达到 1000 万吨规模化累积的时间是 1983 年，而美国在 1955 年、日本在 1977 年、英国在 2002 年、法国在 1978 年、德国在 1982 年。由于铝的平均生命周期是 12 年，回收循环率较高，美、日、英、法、德等国家的铝消费高速增长主要集中在战后经济快速发展期，铝回收累积量和回收量都较高，所以铝累积消费增长缓慢。近 20 多年来，中国的铝消费快速增加，而达到生命周期的废铝回收仍未进入规模化阶段，导致中国近些年铝累积消费增长速度远快于工业化国家，如图 6-19 所示。

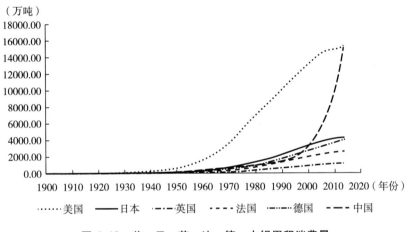

图 6-19　美、日、英、法、德、中铝累积消费量

但是总体上而言，我国的再生铝企业刚起步，时间较短，生产规模小，技术落后，很多企业都是借着政策优势在小打小闹。我国已经拥有超过 2000 家的再生铝企业，这个数量较大，是全球范围内再生铝企业最多的国家。但是数量大只能说明基数大，并不能说明其他优势，这些企业经营分散、成本高、技术远远落后于发达国家，生产出来的再生铝性能也不高，只能用于一些要求不是很高的领域。目前，我国再生铝企业在铝废料的熔炼过程中，由于技术落后，对金属烧损的现象非常严重，这主要是因为国内大部分小企业采用的都是普通的反射炉（燃气或燃油），如果用这种反射炉来熔炼那些废屑、薄壁等特征的物质，烧损率能够达到 10%，这个数值是非常高的，而国际上再生铝的平均烧损率一般是在 3%~5%。与此同时，我国再生铝企业普遍采用混炼的方式对废杂铝进行加工，这样加工出来的再生铝中有其他杂质，品质较低，一些比较纯且具有较高利用价值的废铝资源被迫只能降级，运用到无关紧要的领域当中，给资源造成巨大的浪费。

我国的再生铝行业的回收、拆解处理、熔炼加工等环节都缺乏相应的政策规范和法律体系，仅存在的法律和政策法规有以下几个：对废物回收的税收优惠政策做出说明的有《财政部、国家税务总局关于再生资源增值税政策的通知》和《财政部、国家税务总局关于资源综合利用及其他产品增值税政策的通知》两项文件，这两项文件的出台给再生资源企业带来了实实在在的优惠措施，有利于废弃物回收和将其变废为宝行业即再生资源行业的快速发展；相关法律有《循环经济促进法》，虽然法律的约束力更强一些，但是该部法律涉及循环经济的方方面面，范围太广，没有非常具体的措施和做法，不能对再生铝行业进行有效的管理和约束，也远不能深入到废旧铝的回收、加工和生产等各个环节。世界上运用再生资源比较发达的日本，法律制度就比较成熟，先后制定了《循环有效利用促进法》《废弃物处理法》等 6 部法律，详细地规定了在资源型产品消费的各个环节和各个种类中产生的废铝如何进行回收，值得借鉴和大力推广。

另外，中国再生铝企业的发展历程也值得探讨。我国再生铝产业起步较晚，20 世纪 70 年代后期才具雏形，80 年代在铝需求旺盛的拉动下再生铝企业纷纷上马，数量众多的小型再生铝厂和家庭作坊如雨后春笋般飞速成长，90 年代以来外贸进入中国再生铝行业，废杂铝进口数量和再生铝产品出口规模也逐年扩大，中国再生铝产业开始加快与国际再生铝产业接轨的步伐。再生铝回收也包括两部分：一是生产过程中产生的边角废料（新废料），由于铝加工材废料量很大，我国一般都返回生产系统重新使用，当然也存在部分边角废料没能回收造成损耗；二是社会积蓄的废杂铝（旧废料），随着铝消费量增长，回收废杂铝数量也大幅度提高，1995 年以来年均递增率达到 22%。目前，国内废杂铝回收、拣选、分类、集散及再生铝加工利用区域 20 余处，主要分布在广东南海和清远、浙江台州和永康、河北保定、辽宁大连和大石桥、上海、天津外围等靠近海岸的地区。这些地区既靠近铝消费市场，再生铝处理技术相比内陆地区要先进许多，又具备利用国外废杂铝资源得天独厚的便利条件。此外，内陆地区也形成了几处以回收废杂铝为主的重要集散地。目前，全国再生铝企业 2000 多家，2012 年产量最大的是上海新格，但是绝大多数是民营小企业和家庭作坊，在大中型企业中，外商独资企业与中外合资企业也占据一定份额。废杂铝利用一般需要预处理，然后进行火法熔炼脱去杂质，熔炼按规模大小采用转炉反射炉或电炉，除少数大中型骨干厂外，绝大多数再生铝厂由于规模小、设备简陋和技术落后导致烧损大，能耗高，金属回收最多达到 50% 左右，而发达国家能回收 80% 以上；此外，质量也不稳定，废杂铝预处理时工人不专业，导致各种废料混杂处理，再生铝被严重降级使用，产品质量不高，市场不认同，难以深加工，资源浪费严重。目前，美国易拉罐生产年需铝罐料 50 多万吨，利用制罐厂的边角废料和回收旧罐重熔轧制的重复利用率高于 60%，美国再生铝产量占原生铝产量的 50% 以上，有逐步增加的趋势，而且严格控制再生铝生产过程，因此其再生铝质量较好，可以进行深加工，也能生产高品质铝材。2017 年以来，随着"蓝天保卫战""绿水青山就是金山银山"的理念以及垃圾分类政策在部分地区开始强制实施，再加上相关产品也基本到了规模化报废的阶段，因此我国再生铝行业也将进入一个新阶段，回收量将大幅增加，产业逐步升级，废杂铝处理过程更加规范和标准，法律政策与规章制度更加完善，再生铝产品将占据更大份额，我国铝产业将逐步步入健康持续的发展轨道。

综上所述，中国再生铝行业随着时间的推移和市场的推动，整体上发展较快，但是与全球发达国家的行业发展相比仍有较大差距。分选和熔炼等工艺水平比较落后、废铝回收体系远不够完善、良好的社会舆论没有形成等方面是其主要原因。当前，政府高度关注能源和资源消耗、环境保护和生态恢复等问题，循环逐渐成为我国重要的经济发展和资源利用形式，同时也颁布了相关的法规政策，为我国再生铝行业的进步和繁荣发展带来机遇。

四、中国铝资源循环利用的条件及潜力分析

（一）中国铝资源循环利用具备的基本条件

想要实现中国铝资源的循环利用，就要结合国外矿产资源循环利用的实践经验，本书分析得出目前中国铝资源循环利用所具备的条件主要有以下五个方面：

1. 铝金属的性质

金属能够不断地循环利用，是由其本身特别的性质决定的，尤其是有色金属，它们都可以被重复地加工利用，而且本身的物理化学性质也不会有太大改变，不影响使用。

在工业常用的金属材料中，铝金属是可回收性最好的金属。它的抗腐蚀性能使铝制品在使用过程中几乎不产生损耗，而且在重复熔炼铸造的过程中，技术水平还可以的情况下，铝金属的品质也不会降低。因此，铝金属完全具备循环利用的良好物理化学性质。

2. 国家的工业化发展程度

有色金属的循环利用水平与一个国家的工业化发展程度是密切相关的，这是从全球矿产资源循环利用的实践总结而来的经验。例如，一个国家的工业化正处于起步阶段时，钢铁和有色金属等这类重要且大宗的矿产资源一般是首先投入在建筑、铁路、公路等基础设施建设中，并且投入量的增长速度非常快。但是由于钢铁和有色金属的产品使用周期长，投入量也不是特别稳定，因此回收再利用的比例相对较低；而当一个国家的工业化过程基本完成后，有色金属的消费需求量大大减少，新投入量也不多，但是在起步阶段投入使用的各种金属制品逐步开始

进入规模回收阶段。此时有色金属回收再利用的比例慢慢增大，并逐步成为供给结构的重要组成部分甚至是主体，取代原生金属。而当一个国家进入后工业化时期，此时该国家经历了漫长的工业化时期，积累了雄厚的基础设施，有色金属的回收利用逐渐形成了产业，不仅规模越来越大，而且再生金属的循环使用比例高，目前这样的国家主要是美国、英国、法国、德国及日本等后工业化的发达国家。事实证明，有色金属循环再利用的重要基础是国家拥有雄厚的物质财富，尤其是完备的基础设施（段海燕，2009）。

中国经过40多年的改革开放和工业化发展，国家物质财富有了质的飞跃，国民生产总值位居全球第二。城市中基础设施相对较完备，尤其是沿海的发达城市，而且大部分也已经到了报废回收再利用的阶段。中国国土辽阔，之前所投入的各种金属产品也比很多国家的数量多得多，所以完全具备循环利用的条件，而且一旦进入回收阶段，将会大规模迅速地成为金属供应的主体。

3. 再生技术水平和装备水平

在目前知识经济的大背景下，科学技术毫无疑问是第一生产力。在新兴的再生资源领域，一方面，科学技术的进步和升级可以不断拓宽资源进行循环利用的范围和广度，促使回收再利用领域可以纳入更多种类的废弃物；另一方面，技术水平的提高能够不断提高金属再利用率，减少浪费，从而促进循环利用水平的提高。另外，也能为节能减排做出贡献。但是受技术水平的限制，目前全球的回收率仍然具有提升空间。

总体来说，与世界有色金属循环利用的装备和生产技术的先进水平相比，中国还有较大差距。国内铝废料循环利用的生产技术和设备主要是电炉、反射炉或回转炉，少数采用鼓风炉，属于传统技术装备；拆解是以人为主、机械为辅，仅少数企业采用了大型机械；熔炼以反射炉为主，特别是铝，主要是单室反射炉。大型铝循环利用企业采用转炉处理铝灰，但还有许多企业采用落后的坩埚炉。大部分反射炉是烧油，少量烧煤。铝材加工设备较落后，很多小企业都是采用国有企业升级换代而淘汰下来的较廉价的设备。另外，大部分企业只是在经营统计和财务计算中应用了计算机，计算机的控制和自动化还尚未在生产实践中得以实现。在农村的小冶炼的技术水平和装备更是落后，都是采用坩锅炉、冲天炉及地坑炉等落后设备（齐建国等，2013）。

但是随着环保政策的进一步推进，以及国内资源匮乏的压力等各方面的原因，中国的学者以及相关的专家潜心研究，希望能够提高二次资源的冶炼水平，既做到不浪费，也能节能减排。最终，一些瓶颈技术取得突破并用于生产，如新型阴极结构高效节能铝电解技术与同系列的其他铝电解槽相比，电耗同比降低1100千瓦时/吨以上，该技术的推广应用将使我国铝电解工业生产技术和能耗指标位居世界先进水平；河南中孚实业股份公司在电解铝能源使用的关键技术上取得了重大突破，开发了"大型铝电解系列不停电技术及成套装置"；中铝贵州分公司开发了铝工业废水再生水回用技术，实现废水"资源化"；云南铝业公司在电解铝生产中全面推行了锂盐添加新技术，使电解工艺技术进一步优化完善（齐建国，2013）。近几年，废铝易拉罐及其他产品的保级循环利用技术也取得重大突破（中国铝业网，2016；压铸杂志，2018）。中国的金属再生技术在不断摸索中前进，技术水平的提高会使金属再生产业迎来新的发展高峰。

4. 相关的法律和政策引导

社会新事物的发展壮大往往需要各方面的支持，尤其是法律政策方面的支持。同样地，金属回收再利用行业也需要国家各项法律和政策的保障和引导，才能真正规模化和形成产业化。研究表明，一个国家的法律政策与铝回收率的高低有着很大关系，如德国、瑞士、瑞典、芬兰等国家，对废旧物资的回收再利用有严格法律要求，因而它们的回收率比较高，而如英国、希腊、东欧各国、冰岛与俄罗斯等一些国家尚未颁布关于废铝回收利用的相关法律，它们的废铝回收率就比较低（段海燕，2009）。

金属的回收再利用在中国刚刚起步的时候，政府提供了各方面的支持，给予政策优惠，在全国建立大量回收网点。那么在该产业将要发展壮大，将要为缓解中国的资源压力做出巨大贡献之时，政府顺应生态文明建设和可持续发展的大潮流，也颁布了一系列的政策、规范和优惠措施，如今也在积极规范市场经济中的再生经济，如整合废物回收企业，为再生加工企业提供技术指导等，争取为金属的再生利用道路扫清障碍。

5. 国民的环保意识

近年来，国家积极倡导绿色文明、绿色生活、可持续发展等相关的环保理念，并且也在大力实施相关措施，严抓"三废"治理工作。如今，中国的环境面貌焕然一新，将来也会越来越好。与此同时，国民也感受到了环境变化所带来的各种好处，都纷纷响应国家号召，节约资源，爱护环境。企业是节能减排的大户，更是被要求不断整改，直到达到相关的环保标准，并且铁腕关停高耗能、高排放、高污染的企业，强制将同种类型的小企业整合优化。

金属的回收再利用不仅能促进环保事业更上一层楼，而且能解决国内的资源危机，所以受到国家和人民的高度重视。国家颁布了一系列促进金属循环利用的政策、法规、文件，相关金属再生企业初期是为了达到能够继续生产运作的条件，之后很多企业都主动按照最高的环保标准进行生产。普通老百姓也非常拥护这种做法，逐渐严格要求自己将生活垃圾分类，尤其是金属的回收，不仅获得了相应的收益，而且为可持续发展事业做贡献。

（二）中国铝资源循环利用的潜力分析

铝资源循环利用的潜力即铝的回收再利用量。一方面，对生产和加工制造的过程中产生的边角料（新废铝）进行回收利用。另一方面，大量的铝资源从地下被开采出来，经过人为地加工制造，制成各种含铝产品供生产生活消费，堆积在人群聚集区，这就形成了地上资源的蓄积存量即使用存量（正在使用的建筑、机械设备、交通工具以及电子电力设备等）。而这些铝产品是有一定的生命周期的，等到其生命完结时就会成为废弃物，回收这些废弃物，然后经过拆解、分类、重熔、重新加工等过程，再制成需要的含铝产品。因此投入社会的含铝产品数量越多，经使用报废的二次资源就越多，但是目前的情况是回收再利用的资源数量很少。中国铝金属的生产量和消费量还在高速增长，理论上可供回收的二次资源一定会逐步增加，所以说中国铝资源循环利用的潜力巨大，前景广阔。而循环利用正是优化中国铝资源的供给结构，提高其可持续保障程度的有力措施。对中国铝资源的循环利用研究主要包括数量分析、成本分析、环境影响分析以及其对安全保障度的贡献度。

1. 中国铝资源循环利用数量分析

社会上正在消费使用的铝产品，待其报废之后，会成为废铝供应的来源。中国各类铝产品的平均寿命和报废期约为 20 年，也就是说，2015 年国内废铝供应量与 1995 年原铝消费量是相互对应的。目前，由于我国的废铝回收系统尚未完全建立起来，因此旧废铝的回收所得率暂时设定为 70%。目前我国旧废铝的回收主要来自 20 世纪八九十年代的铝产品，当时我国改革开放刚刚起步，社会上铝产品使用量还不大，到目前为止我国大规模废铝回收还未到来，还处在废铝回收的初级阶段。

对未来 15 年废杂铝的产生数量进行预测就可以得到铝的循环利用量，即再生铝供应量。本节为增加结果可信度，采用三种不同方法进行预测：部门供应法、回归分析法和占比分析法，最终得到较切合实际的预测量。

（1）部门供应法。

国内产生的废铝主要包括三部分：旧废铝、新废铝及电解和重熔时产生的铝渣，这三个部分可以看作三个部门，该方法就是计算这三个部门的废铝总和。在废铝产生的三个主要环节，废铝的生产比率及回收比例等一些指标参数需要明确，才能准确确定该环节国内废铝的回收量。

1）旧废铝：

美国、英国、德国、法国、澳大利亚、意大利和日本等先期工业化国家再生铝占原铝消费量比例的变化也存在很大的差异，美国近 5 年该比例的均值约 74%，英国 46%，德国 33%，法国 30%，澳大利亚 34%，意大利 78%，日本 42%，根据人均 GDP（GK 美元）和人均再生铝供应量的关系推测（"S"形规律），我国未来 15 年再生铝回收量呈上升趋势，废旧铝供应量占同期原铝消费量的比例在 30%～40%，相当于 70% 的回收率。则

国内旧废铝供应量=同期原铝消费量×（30%－40%）

=20 年前原铝消费量×回收率（70%）

2）新废铝：

不仅旧废铝的生产量计算与当年的原铝消费量有关，新废铝的生产数量也与其密切相关。经多年统计和规律探索，最终进入流通环节的新废铝数量大概是当年原铝消费量的 5%。因此，

国内新废铝供应量=当年原铝消费量×5%

3）铝渣：

一般情况下，原铝在生产过程中大约产生 5% 的铝渣量，而在铝锭重熔配制合金时则会产生 2% 左右的铝渣。原铝生产厂或铝合金生产厂为了降低成本和提高资源效率，一般都会自行回收铝渣。因此，最终进入流通环节的铝渣只有 30% 左右，废铝生产数量的统计范围也只有这部分（熊慧，2009）。铝渣每年产量随着电解铝产量的变化而变化。因此，

铝渣供应量=（当年电解铝产量×5%+当年电解铝产量×2%）×30%

则各部门预测供应量如表 6-1～表 6-3 所示。

表 6-1　未来 15 年国内旧废铝供应量预测　　　　单位：万吨

预测供应年度	2017	2018	2019	2020	2023	2025	2030
预测供应量	131	147	167	181	301	454	1231
消费年度	1997	1998	1999	2000	2003	2005	2010
原铝消费量	187.08	209.79	239.19	258.5	429.77	648.74	1759.00

表 6-2　未来 15 年国内新废铝供应量预测　　　　单位：万吨

年度	2020	2023	2025	2030
原铝产量	3500	3700	3600	3300

续表

年度	2020	2023	2025	2030
新废铝供应量	175	185	180	165

表 6-3　未来 15 年中国铝渣供应量预测　　　　　单位：万吨

年度	2020	2023	2025	2030
原铝产量*（需求量）	3500	3700	3600	3300
铝渣供应量	73.5	77.7	75.6	69.3

注：＊为 2020 年、2025 年和 2030 年原铝消费需求量预测值。

综上，预测 2020 年、2025 年和 2030 年中国再生铝供应量分别为 430 万吨、710 万吨和 1465 万吨，2023 年原铝达到消费峰值点时的再生铝供应量约为 564 万吨（见表 6-4）。

表 6-4　未来 15 年中国再生铝供应量预测　　　　　单位：万吨

年度	2020	2023	2025	2030
废旧铝供应量	181	301	454	1231
新废铝供应量	175	185	180	165
铝渣供应量	73.5	77.7	75.6	69.3
再生铝供应量	430	564	710	1465

由于此方法预测出来的中国未来 15 年间废旧铝供应量明显偏低，因此需要其他方法对 2015~2025 年的预测结果进行补充修正，使其更加符合客观实际。

（2）回归分析法。

再生铝供应量与原铝消费量呈正相关关系，特别是进入 21 世纪这种趋势更加明显（见图 6-20）。20 世纪 60 年代，再生铝供应量与原铝消费量均较小，分别为 0.25 万吨和 22.13 万吨。20 世纪七八十年代，原铝消费量增长很快，而再生铝供应量增长较慢，1980 年再生铝供应量和原铝消费量分别为 0.32 万吨和

50.62万吨。20世纪90年代，原铝消费量增长很快，而再生铝供应量也呈较快增长态势，1991年再生铝和原铝消费量分别为0.73万吨和88.66万吨，到1999年分别增至21.04万吨和239.19万吨。进入21世纪，再生铝和原铝消费量均呈快速增长态势，2000年分别为75万吨和258.5万吨，2011年分别增至586万吨和3177万吨。

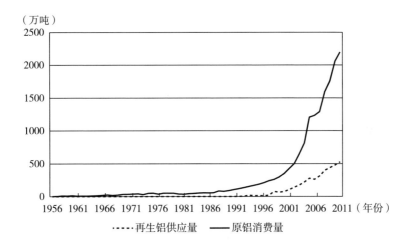

图6-20　1956~2011年中国再生铝供应量及原铝消费量变化

资料来源：中国有色金属工业协会，WBMS。

选取1956~2011年中国铝消费量与再生铝供应量数据，利用其相关性进行回归分析，可得出如下回归方程：

$$y = -3 \times 10^{-6} x^2 + 0.2519x - 10.849 \tag{6-1}$$

其中，x为原铝消费量，y为再生铝供应量，$R^2 = 0.9906$，该值达到0.9906，说明再生铝供应量和原铝消费量之间的相关性很高。可以此预测我国2020年、2025年和2030年再生铝供应量（见图6-21）。

按照上述方程，当2020年、2025年和2030年铝消费量分别为3500万吨、3600万吨和3300万吨时，可预测出三个时点再生铝供应量分别为834万吨、857

万吨和 788 万吨，峰值点 2023 年的再生铝供应量约 880 万吨。

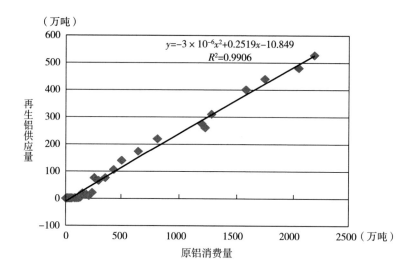

图 6-21　利用回归分析法预测中国再生铝的供应量拟合

（3）占比分析法。

主要利用再生铝供应量占原铝产量和需求量的比例关系估算和预测未来 15 年我国再生铝供应量。

一般而言，再生铝在国内铝产业链中的比例和地位会随着原生铝生产与消费规模的扩大而呈逐步上升的趋势。据中国有色金属工业协会再生金属分会统计数据可得，2013 年中国再生铝产量已经达到 520 万吨，占原铝产量的比例为 23.90%，而同期意大利（87%）、美国（75%）、英国（55%）、日本（46%）、澳大利亚（45%）、法国（30%）、德国（29%），均比我国高。1956～1994 年，中国再生铝供应量占原铝产量和消费量的比例均很低，在 0.5%～6%。1960～2014 年，再生铝供应量占原铝产量和消费量的比例在 10%～22%。近 10 年来该比例维持在 20% 左右。

然而，2014 年美国再生铝供应量为 364 万吨，1956～1990 年美国再生铝供应量占原铝表观消费量的比例在 20%~48%，1991~2004 年该比例大约为 50%，2007 年超过 80%，是一个再生铝利用率很高的国家。中国的再生铝利用情况可能与美国在 1956~1990 年的情况类似，但之后保持美国再生铝的高回收量几乎不可能。

综合中国再生铝占原铝产量和消费量比例演变趋势，结合美国等典型国家再生铝供应量占原铝消费量的演变趋势，预测中国 2017~2020 年再生铝供应量占原铝消费量的比例为 20%~30%，2021~2035 年增至 35% 左右。相应地，中国 2020 年、2025 年和 2030 年再生铝供应量分别为 1050 万吨、1260 万吨和 1155 万吨（见表6-5）。

表6-5　未来 15 年中国再生铝供应量预测　　　　　　　　　单位：万吨

年份	原铝（消费）需求量	再生铝占比（%）	再生铝产量
2017	3250	20	650
2018	3340	23	768
2019	3400	27	918
2020	3500	30	1050
2021	3550	35	1243
2022	3620	35	1267
2023	3700	35	1295
2024	3640	35	1274
2025	3600	35	1260
2026	3523	35	1233
2027	3466	35	1213
2028	3410	35	1193
2029	3354	35	1174
2030	3300	35	1155

综合上述 3 种预测方法结果，预测我国 2020 年、2025 年和 2030 年再生铝供应量分别为 1000 万吨、1200 万吨和 1100 万吨，占当年原铝消费量的比例分别为

29%、33%和33%；达到2023年铝消费峰值点时再生铝供应量约1300万吨，约占当年原铝消费量的比例为35%（见表6-6）。

表6-6　未来15年中国再生铝供应量预测汇总　　　　　单位：万吨,%

预测方法	2015年	2020年	2023年	2025年	2030年
再生铝部门供应法	527.28	430	564	710	1465
回归分析法	527.28	834	880	857	788
再生铝占比分析法	527.28	1050	1295	1260	1155
综合	527.28	1000	1300	1200	1100
占原铝消费量的比例	20	29	35	33	33

预计2015～2030年，中国再生铝累计供应量达到1.752亿吨，其中，2015～2020年，再生铝累计供应量5787万吨，占比33%；2021～2025年累计供应量6033万吨，占比33%；2026～2030年累计供应量5697万吨，占比33%（见图6-22）。

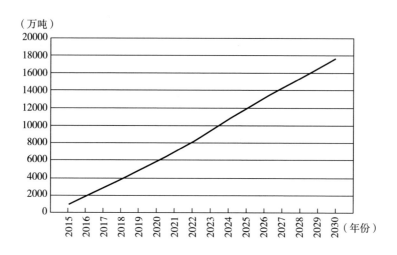

图6-22　2015～2030年中国再生铝累计供应量变化

注：累计起点为2015年。

2. 中国铝资源循环利用成本分析

中国的氧化铝和原生铝的进口量相对于其产量来说，基数太小，所花费的成本也比较低。而进口量大的是铝土矿和铝废料，所花费的经济成本也比较高。

2014~2017 年 6 月铝土矿的价格变化趋势如图 6-23 所示。其中，广西百色地区的铝土矿价格曲线相对平稳，价格稳定在 220~250 元/吨；目前进口价格最高的是龙口港，大概在 560 元/吨，并且仍旧有稳定升高的趋势。若按 400 元/吨的价格来计算的话，2014 年和 2016 年中国进口铝土矿分别需要花费 145 亿元和 207 亿元。这仅是铝土矿的成本，另外还需要考虑运输成本、人力费用、损耗等成本，这样会加大铝土矿的进口成本。

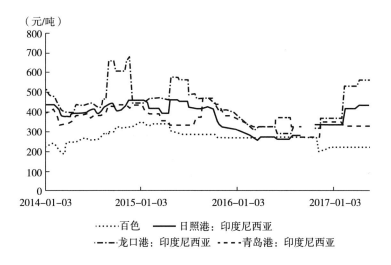

图 6-23　2014~2017 年 6 月中国进口铝土矿价格

目前，中国进口铝废料的价格是 14000~14400 元/吨（见表 6-7），若按 14100 元/吨的价格来计算的话，2014 年和 2016 年中国进口铝废料分别需要花费 340 亿元和 365 亿元。同样地，这也仅是购买铝废料的成本，另外还需要考虑运输成本、人力费用、损耗等成本，这将会加大铝废料的进口成本。

表 6-7　2018 年 2 月 28 日和 3 月 1 日中国进口铝废料价格

市场品种	价格区间（元/吨）	均价（元/吨）	涨跌（元/吨）	日期
长江有色铝	14130~14170	14150	+120	03-01
南海有色铝	14340~14440	14390	+70	02-28
上海现货铝	14120~14160	14140	+120	03-01
广东南储铝	14140~14240	14190	+70	03-01
上海华通铝	14050~14090	14070	+90	02-28

每年进口铝土矿和铝废料需要花费较大的经济代价，而且在国内生产氧化铝和原生铝要消耗巨量的能源、排放巨量的温室气体甚至是有害气体，这无疑加大了本国的环保负担，是一种雪上加霜的做法。为了减少原材料的进口，就需要另找方法来加大原材料的供应，二次资源的开发利用不失为一种良好的且近期可以实现的解决方法。

3. 中国铝资源循环利用环境影响分析

一直以来，我国的能源消费结构是以化石能源为主，煤炭消费又占据其中一大部分，主要是用于火力发电，伴随火力发电而来的就是雾霾、温室气体排放、酸雨等多种环境污染。2016 年煤炭能源消费的比例仍然高达 62%（中国产业信息，2017），如果这种情况继续下去，将远远不能完成减排目标。

电解铝是耗能耗电大户，是有色金属冶炼中耗电量最高的行业，2016 年电解铝耗电占全社会总用电量的 7.5%。我国生产每吨电解铝需要耗电 13000 千瓦时以上，而基本上是以火力发电为主，是高载能产品，出口也相当于是直接输出能源。同时也是高污染行业，我国每生产 1 吨电解铝的二氧化碳排放量在 12.6 吨以上，这包括直接和间接排放（中国产业信息，2017）。以 2016 年为例，该年的电解铝产量大约是 3200 万吨，共需要耗电 4160 亿千瓦时，排放二氧化碳 4 亿吨以上，占当年国内总排放量的 5% 以上。

而二次铝生产和加工所消耗的能源和所排放的污染仅是原生铝的 5%~10%，也就是生产 1 吨二次铝的耗电量最多为 1300 千瓦时，二氧化碳排放量最多为 1.3

吨。假设 2016 年社会消费的铝产品都是废铝循环而来的，那么该年的耗电量是 416 亿千瓦时，排放二氧化碳 4000 万吨左右，占据国内总排放量的比例也降至 0.5%。仅仅是电解铝工业就可以实现节能和减排 90% 以上，若推广到其他行业当中，那么节能减排的潜力也是巨大的。经测算，2020 年、2025 年和 2030 年的再生铝供应能够分别节约用电 1170 亿千瓦时、1404 亿千瓦时和 1287 亿千瓦时，减少二氧化碳排放量分别是 1.13 亿吨、1.356 亿吨和 1.243 亿吨，在需求量达到峰值时的 2023 年，能够节约用电 1521 亿千瓦时，减少二氧化碳排放 1.469 亿吨。

4. 再生铝供应对保障度的贡献度分析

综合以上分析可得，2020 年、2025 年和 2030 年的原铝需求分别是 3500 万吨、3600 万吨和 3300 万吨，而再生铝供应量分别为 1000 万吨、1200 万吨和 1100 万吨。因此再生铝占据当年总需求量的比例分别为 22%、25% 和 25%；2023 年到达铝消费峰值点时，原铝需求是 3700 万吨，再生铝供应量约 1300 万吨，占当年总需求量的比例近 26%（见表 6-8）。

表 6-8　再生铝供应对总需求的贡献度　　　　　　单位：万吨，%

年份	铝总需求量	再生铝供应量	再生铝贡献度
2017	4207	957	23
2018	4311	971	23
2019	4386	986	22
2020	4500	1000	22
2021	4641	1091	24
2022	4811	1191	25
2023	5000	1300	26
2024	4890	1250	26
2025	4800	1200	25
2026	4702	1179	25
2027	4625	1159	25

年份	铝总需求量	再生铝供应量	再生铝贡献度
2028	4549	1139	25
2029	4473	1119	25
2030	4400	1100	25

若中国铝土矿的进口比例一直在 50% 左右，那么原生铝的保障度 P_p^s 就在 50% 左右，假设用来生产再生铝的铝废料全部是本国自产的，那么再生铝对总需求的贡献度也就相当于二次铝的保障度 P_s^s，并且假设铝的进出口量仍然是基本持平，对供给结构和保障度的测算影响甚微。此时总供给安全保障度 TSG 能够达到 70% 以上，从短缺变成可以保障的状态（见表 6-9）。

表 6-9　二次铝供应对安全保障度的贡献度　　　　　　单位:%

年份	P_p^s	P_s^s	TSG	提高比例
2017	50	23	73	11
2018	50	23	73	11
2019	50	22	72	10
2020	50	22	72	10
2021	50	24	74	12
2022	50	25	75	13
2023	50	26	76	14
2024	50	26	76	14
2025	50	25	75	13
2026	50	25	75	13
2027	50	25	75	13
2028	50	25	75	13
2029	50	25	75	13
2030	50	25	75	13

经测算，2017~2030 年铝废料的循环利用使总安全保障度有了明显的提高，

以 2016 年中国铝资源的安全保障度为比较基础，提高比例在 10% 以上。伴随着我国国际地位的逐步提高，铝土矿境外投资和开发的状况好转，会对国内形成有效的资源支撑，那么铝土矿的进口比例就会下降，原生铝的保障度 P_p^s 会提高到 50% 以上；另外，废料的回收体系建立和完善起来，铝废料的各环节处理技术水平也会不断进步，突破现阶段的限制和瓶颈，那么二次铝供应量会比预测量要多，二次铝的保障度 P_s^s 要大于 25%。

综上，中国铝资源的总安全保障度会提高到 80% 以上，提高比例会达到 20%，在很大程度上是铝的循环利用带来的贡献。也就是说，再生铝供应对提高国内铝资源的安全保障度的贡献很大。由此可以得出，加强废弃铝资源的循环利用对实现铝的可持续供应具有深远意义，并且降低进口成本和贸易不确定性，节能减排效果也非常明显。

五、中国铝资源实现可持续保障的对策

本书的研究表明，中国铝金属的消费量仍然在高速增长，主要用于基础设施建设上面；而随着原生铝的产量不断水涨船高，资源储量日益减少；国内的铝资源本身就远远低于国际的平均水平，所以需要进口大量的铝资源。在如今的国际政治局势下，中国必须谨慎应对以防发生供应危机。

现阶段，避免中国铝金属发生资源危机共有两种方法："节流"和"开源"。"节流"指的是原生铝的投入使用上的节约原则和减量化原则，这主要依靠技术水平的提升和国民消费观念的转变。技术的提升可以提高人类活动对资源的利用率，在源头上节省资源的同时减少浪费；国民消费观念的转变会使人们在消费的时候倾向于选择耐用的高品质的并且能够循环利用的产品，从过度消费转化为绿色消费。这两种途径都可以大大减少"三废"的排放量，而且节约资源能使冶炼金属所使用到的能源量也大大降低，这就做到了节能减排，也是目前政府正在大力倡导的理念，大力实施的工程。"开源"指的是铝土矿储量的勘探、境外投资开发获得的铝土矿资源、替代品的推广使用等和废旧铝金属的循环再利用。但是前几种方法近期很难实现，所以只能依靠铝的循环利用，使二次铝资源成为资源供应的重要组成部分，甚至是主体，而铝金属也具备这样的循环潜力。这是目前及以后需要长期努力的方向，也是本书所要倡导的方向。因为"节流"只能缓解一定程度的压力，不能从根本上解决问题。要想从深层次上解决国内铝资源的供应危机，还是要从研究"开源"开始，要践行循环经济的理念，充分挖掘铝金属循环再利用的潜力，开发二次资源。

中国铝资源的循环利用潜力巨大，具备了良好的先天条件，那么后天的条件就需要人为创造，特别是战略规划方面的条件，给铝资源的再生利用创造良好的法律、政策、市场、资本、舆论等环境。目前由于各方面的原因，中国铝资源的综合回收率还远小于欧美等发达经济体，若人为创造的后天条件逐渐成熟，那么综合回收率也会大幅度提高，随之而来的就是铝资源的总供给保障程度更高，铝工业逐渐向可持续发展的高标准迈进。

"回收金属不仅是在回收资源，也是在回收能源"，二次资源的开发利用也能够带来节能减排的良好效果。在生态文明建设和可持续发展的大旗帜下，国内建立了循环经济产业园，再生资源工业园区，"城市矿产"示范基地等相关的生态园区，在资源的循环利用方面大做文章。但是废弃物的回收和循环再利用行业近几年的发展却并不尽如人意，全民参与程度远远低于发达国家，整体上没有达到该有的水平。既然铝金属的循环利用潜力巨大，那么国家就应该加强管理、大力推进，先从战略规划上入手，营造良好的氛围，然后颁布具体的政策方针，建设相应的基础设施，从经济和精神两方面鼓励从业者。下文的对策建议不仅是针对再生铝行业，而且所有的废物回收和循环再利用产业都适用。

（一）政府加强引导，完善相关法律法规政策体系

从发达国家的实践经验来看，再生铝工业的发展壮大，政府在初期发挥着举足轻重的作用，甚至是主导作用。政府应该加强指导和推动，积极引导再生铝工业的发展。

首先是法律引导。一个国家的法律政策与铝回收率的高低有着很大关系，如德国、瑞士、瑞典、芬兰等国家，对废旧物资的回收再利用有严格法律要求，因而它们的回收率比较高，而如英国、希腊、东欧各国、冰岛等一些国家尚未颁布关于废铝回收利用的相关法律，它们的废铝回收率就比较低。随着我国可持续发展基本国策的不断推进，与循环经济相关的立法工作也有了一定的推进，主要有《循环经济促进法》《清洁生产促进法》《可再生能源法》等，但是与发达国家完善的法律体系相比，还是有很大的差距。差距主要在法律总体数量太少，在一些较大领域内都没有相关的法律，那么较小的具体领域就更没有相关的法律了；另外是制定法律没有科学的规划，导致现有法律很零散且凌乱，难成完整体系；并且法律内容较抽象，没有具体领域的专门法律，不能给予从业者过多的指导和保障，就不能起到良好的引导作用，对整个循环再利用产业没有太多的帮助。因此，政府不仅要加强立法工作的快速推进，还要以《循环经济促进法》为再生资源产业的纲领性和统领性的法律，在各个具体领域制定专项法；法律不仅仅是抽象的思想、原则类的条款，更重要的是要有很强的可操作性，明确规定责任和义务条款，必须制定清晰的能够量化的参考标准。目前，中国最应该推进的专项立法应该放在报废汽车、废旧的耐用家用电器和可循环的建筑材料等方面，这些领域不仅可回收的基数大，而且各项材料循环再利用的价值相对较高。与此同时，政府推行法律还要注重因地制宜，各地方的经济发展状况、自身资源条件和发展规划等都大相径庭，各地可以在纲领性法律的基础上制定适合本地区的地方性法规，这样实施起来就更有针对性。

其次是财税政策，利用经济手段来调控市场。政府需要给予再生资源行业的

从业者更大的税收减免优惠，包括生产绿色产品和使用循环再生资源的单位，从事废弃物回收、处理和综合利用的企业，与此同时，对于实行绿色消费、购买再生资源产品的消费者给予税收优惠。也需要增设与资源循环利用相关的税种，如垃圾填埋税、原生材料税等，给全社会的企业和个人发出强劲的信号，鼓励企业和个人多利用循环的再生物品。另外，对于用来节约资源和能源、生产再生资源的技术和设备的引进和投资要给予最大程度的政策优惠，对于含有再生资源的产品出口要给予不同程度的税收减免。有关测算显示，如果所征收的资源税在现有的基础上提高 30%，那么 GDP 总量所受到的影响微乎其微，不会超过 0.3 个百分点的下降幅度，但是对于促进技术升级、减少资源消耗、推进绿色消费和保护生态环境等方面却有较为明显的促进和提升作用（段海燕，2009）。因此，政府需要进一步提高资源税，尤其是原生资源税，在减少总体资源消耗的同时，逐渐加大二次资源的使用比例，就会间接促进二次资源产业的发展壮大，也能为节能减排做出巨大贡献。

我国每年会进口大量的废旧金属，节省能源与资源，但是对废旧金属质量把控不严，经常夹带或没有拆解到位的有毒、有害、有污染的废旧金属，反而是牺牲了生态与环境。因此，中国海关应该扩大"绿篱行动"，严格控制、仔细核查进口废金属的质量和种类，杜绝存在严重二次污染的废料进入我国境内，为我国二次资源产业把好进口关，为其产业健康发展提供基础保障。

（二）加强回收和再生铝技术的研发

科学技术是第一生产力，再生资源产业也是如此。希望通过资源的回收再利用减少宝贵的原生资源的消耗，同时也节省能源、减少排放，关键是回收和再生技术的投入使用以及技术、装备的逐步升级改造，这就需要不断加强技术研发与实践。

首先是资源回收技术，包括回收网点的选址、如何回收更有效率、自动化分类拆解技术、各类废弃物如何定价等；其次是再生资源加工过程中所涉及的各种程序所用到的具体技术，如铝金属，怎样重熔可以减少烧损和浪费，怎样从铝合金中提取尽可能多的铝金属，如何在此过程中尽可能多地节能减排等相关技术改进。政府在技术研发方面是牵头带动作用，应该给资源回收和再生企业与高校、科研院所牵线搭桥，搭建技术研发合作平台，信息共享。资源回收和再生企业将需要的技术公布出来，与之相关的有能力的研究团队可以接受委托，进行技术研究和突破；同时，研究机构有任何新的进展和突破，也可以在平台上发布出来，供有需要的企业使用。目前的校企合作也在进行当中，但是平台却很不完善，主要是信息不对称，沟通不良，使合作效果并没有预期那么好。因此要大力构建技术研发服务平台，畅通信息服务网络，围绕废弃物的回收和再生过程中各道程序所需要的各项技术进行专项研究，不断完成技术的改进升级，积极向生产力转化。同时，信息网络也参与信息收集工作，发布国内外的资源再生利用信息，缩短信息流动时间，加快信息传播，实现信息沟通的高效性，为企业提供有效的技术与管理信息。

其次，还可以从国外引进一些可以直接应用的技术，并且在此基础上进一步研究，争取可以掌握某方面的核心技术；在技术研发服务平台的基础上加强行政服务工作，使研究单位和再生资源企业能够减少摩擦，默契合作，企业就成了技术验证和推广应用的主体；资源再生理念不仅仅停留在口头上，要将该理念渗透在产品的源头设计上。例如，不同用途的建筑物有不同的使用年限，要采用不同的建筑材料，使建筑材料的生命周期和建筑物的使用周期基本一致；也可以出台更加细致的商品明细表，规定某类产品的某个零件必须使用某种型号的材料，这样有利于回收和再生利用，加快了循环速度，也大大降低了资源回收成本。这些措施对于资源的再生利用具有重要的现实意义。

（三）完善铝资源回收体系，加强再生资源综合利用

中国在全国范围内存在大量的废弃物回收网点，在 20 世纪 90 年代末到 21 世纪初期，废弃物的回收行业发展得如火如荼，很多农民到城里务工，从事的都

是废弃物回收相关的工作，并且也走上了致富的道路。后来随着经济结构的调整，政府关闭了脏、乱、差的废品回收小作坊，整合成规模相对较大的废品收购站，并且随着国民的环保意识增强，很多废弃物都是自己拿到收购站去卖。这样，城市环境得到了改善，但是也存在很多问题，最主要的就是废弃物收购站数量还是比较少，很多居民区都距离比较远，有些有价值的废弃物被当作垃圾直接扔掉，不能变废为宝；另外就是废弃物鱼龙混杂，分类很模糊，有些甚至毫无分类之言，有价值的资源即使能够重熔成再生资源，也只能被迫降级使用，这样就大大降低了再生资源的意义。目前的生活垃圾分类工作实施效果不理想，很大一部分原因就是垃圾回收、运输与处理设施不健全。废旧物资回收网点少、生活区域缺少分类垃圾桶；有些地区没有设计分类垃圾清运车，甚至导致居民辛苦分好类的垃圾又混装在一起，严重挫伤垃圾分类的积极性；垃圾分类中转站或终点站各类废旧物资处理设施不全，导致分类不彻底，资源被降级使用，或者简单粗暴处理——填埋或焚烧。

中国旧料二次资源已进入快速回收阶段，国内企业新废料的自循环回收体系经过几十年的建设日趋完善，以进口废金属拆解为主要内容的全国性圈区管理和城市矿产示范区建设也初具规模。目前国内的旧废料社会回收体系无论从方法上、制度上，还是从回收渠道上仍不完善，旧废料的社会回收效率仍低于典型工业化国家水平，中国急需建立一套完整的废金属社会回收体系，促进中国旧废料的社会化回收。因此，政府要加快完善资源回收体系，首先就是增加回收网点。政府要投入资金扩大收购站的规模，还要使小网点遍布每个居民区，形成网格化。既能满足居民的需求，也能解决一部分人的就业问题。其次要严格管理规定，对每一类的废弃物都制定相应的回收、拆解、处理等标准，实行严格的废品回收和处理规范，既能提高资源的回收利用率，也能为分类回收奠定基础。分类回收和垃圾分类是同样的道理，都能明显提高资源的循环利用率，废品收购站都是分类回收废弃物，但是需要将类别进一步细化，如每一种铝合金都要单独成为一类，而不是所有的铝合金都归为一类，这给拆解处理带来了困难。政府要请专家给拆解工人进行培训，提高拆解技能，也能减少浪费。当然在产品设计之初就应该考虑到回收拆解问题。

资源回收体系中还有重要一环，那就是再生资源工业园区或者是叫作生态工业园区，将废弃物的回收、再资源化、再利用形成完整产业化发展模式，这也是发达国家的成功经验。政府需要支持这项利国利民的产业，将其视为重点产业，制定各项政策进行重点扶持，主要从税收政策、技术研发扶持政策、土地利用政策等相关配套措施入手，整体统筹该产业发展。加快已有再生资源产业的优化升级，淘汰高污染、高耗能的相对落后产能企业，适当将矿产金属冶炼企业改造为废金属加工处理企业，在生产条件和能力上为中国废金属规模回收做好加工能力准备。

以往的旧废料社会化回收和进口废金属的拆解处理主要是由商务部门、环境保护部门、发改部门等主导和参与的，涉及资源利用与各类金属相关企业，国土资源部门、工信部门也应从城市矿产的角度关注再生资源的综合利用，如同勘探原生矿产，利用地理信息系统、遥感等技术加大中国城市矿产资源的地质调查的范围和深度，提高城市矿产综合利用效率。在此基础上充分利用国际上较为先进的物质流分析方法，深入调查和分析金属二次资源物质流的内容和结构，测算与评价二次资源的利用潜力，为中国废旧金属规模回收做好资源信息和产业的准备。借鉴美国、德国、日本、法国、英国等国家和地区的城市矿山的政策和实践经验，加强对中国再生产业和再生园区的调查工作，了解中国废旧金属回收政策、数量、结构、价格、加工工艺、能耗、处理量和存在问题等数据资料，绘制中国二次资源的储量图、分布图、贸易流向图、回收网络图等图件，为制定中国废金属回收规划和有针对性的激励政策提供数据基础与技术支撑。

（四）加强宣传，提高公众的环保参与意识

促进铝资源以及其他各种资源循环利用行业的发展壮大，公众的参与发挥着举足轻重的作用，而公众的环保参与意识需要政府和主流舆论的引导。政府部门

要能够充分利用电视、广播、互联网等覆盖面广、现代化的宣传工具，专门制作一系列关于我国资源的短缺程度、资源循环利用的好处以及引导公众怎样从身边的小事做起等的宣传片和相关的科普知识，先培养公众的节约和循环意识，再积极倡导绿色的与环境友好的消费方式，包括适度消费，反对盲目的、攀比的过度消费和不利于环境恢复的消费方式，杜绝铺张浪费。这样也会使生产企业做出相应的调整，注重应用环保技术和开发、生产环保产品，不仅会带动全社会生产环境友好的产品、提供环境友好的服务，也会降低这些产品和服务的成本，企业愿意生产，公众也愿意购买，共同促进绿色消费氛围的形成。另外，政府应该在实践中让民众切实感受到资源回收和循环利用给自身带来的好处，如废旧家电以旧换新；用不上的书本、衣服和生活用品捐献给有需要的人等，不仅有物质上的好处，还有精神上的激励，民众对此还是普遍接受的。政府要积极引导各单位策划出样式多样的实践活动，潜移默化地宣传环保和资源的循环利用。

（五）发挥市场机制的作用

再生铝工业的发展壮大，初期主要依靠的是政府这只"看得见的手"的宏观调控作用，制定科学的发展规划，调整、优化和升级相关的产业结构，处理当前利益和长远利益的关系、局部利益和全局利益的关系，在促进经济发展的同时，尽最大可能保护资源和环境。在再生铝工业起步后并且逐步走入正轨时，就要注重发挥市场机制的作用，这只"看不见的手"在该时期要能够比政府发挥出更强劲有效的作用。政府只需要指导和监督，在必要时候可以大力干预。而市场能更大限度地进行各方面资源（包括人力、物力、财力、技术等）的优化配置，通过优胜劣汰来促进资源利用方式的转变，兼顾到社会经济发展和资源环境的保护。例如，排污权交易就是成立排污权交易中心，"以市场配置环境资源，靠价格杠杆推动污染减排"的机制来将"排污权"进行买卖，最终使试点地区主要污染物（主要是大气污染与水污染）总量减排达标，实现经济与环保的双赢，是一项灵活、高效的环境管理经济政策。

为了保障我国铝资源的可持续供应，并且实现资源、经济、环保等的多赢，铝金属的循环利用事业必须要注重发挥市场机制的作用。一般情况下，我国二次资源的成本会比原生资源相对高一些，即使有政府补贴和税收优惠政策，也很少有企业愿意投身该项事业中来，一方面无利可图，另一方面在目前的环境下很难把企业做大做强，因此再生资源事业要充分发挥市场机制的作用，就必须合理规划和安排，着眼于未来。首先，对于废旧物资的回收、更细致专业的分类、拆解应该引入专业正规的环保公司或再生资源公司。这类公司有专业的技能培训、长期从事该工作的专业员工、专业的分类拆解流程、专业的设施与设备等，能够有效提高金属回收的效率和效果。其次，建立再生资源工业园区或者是叫作生态工业园区，将废弃物的回收、再资源化、再利用形成完整产业化发展模式。园区内引进各种资源循环利用相关企业，将废旧金属从回收、分类、拆解、重熔再造、生产、销售、运输、贸易等整合成"一条龙"，形成规模化效益，就能很大程度上降低成本，实现经济利益，也能吸引更多资本、企业、人才、相关技术研发等优质资源，形成良性循环。

从目前来看，再生铝行业已经引入了市场机制，众多企业投身于铝资源循环事业，取得了一定的成绩，但是距离与发达国家的实践水平还有相当大的差距，需要进一步协调相关领域，营造良好市场环境。

（六）开发利用境外资源

当前，以中国铝业股份有限公司为典型代表的我国大型铝业公司的发展状况是：规模大而实力不强，与大型跨国铝业公司力拓、美铝、俄铝等相比，中国企业的国际综合竞争力相对较弱。我国企业主要还是控制国内的资源，世界优质铝土矿山都不在掌控之中，旗下能形成一定产能的较大冶炼公司也全部位于国内矿石相对丰富的省区。与此同时，与其他有色金属矿产相比，全球铝土矿资源储量非常丰富，地域分布也非常广泛，因此中国可以借助此优势，充分利用境外资源。一方面鼓励在外企业灵活配置已经控制的境外资源，抓住各种有利时机和政策，就地投资创建冶炼厂或者适时进行产业转移，另一方面国内企业进行海外资源勘探开发应该受到政府的积极鼓励，以期大幅提高对境外铝土矿资源的控制水平，为国内输送优质的原材料。

首先是建立更加完善的海外资源开发机制，明确各部门职责，通过各部门的分工协作来共同保障中国"走出去"战略的顺利实施，获得优质的海外资源。开展"走出去"战略包括6个阶段：信息收集、关系构筑→草根勘查→详细勘查→矿山和基础设施建设→资源开发→业务拓展。澳大利亚、巴西、牙买加、印度铝资源供应量占世界比例在60%以上，这些国家是未来中国最主要的资源供应地，我国要广泛建立稳固的国家友好关系，采取以参股为主、购买矿权、并购为辅的方式，逐步获取资源大国一定规模的优质资源；同时针对巴西、智利和秘鲁等工业基础条件较差的资源大国，在参股、购买矿权和并购的基础上，通过产业转移的方式，联合开发资源，延伸产业链，实现共赢。西非地区有丰富的铝土矿资源，潜力巨大，是世界资源投资、勘查、开发的热点地区之一，其数量和品质不亚于澳大利亚和巴西，资源量位居世界首位；而中国在非洲具有一定的政治、经济和文化基础，且目前西方国家对非洲地区的投资还较为薄弱，应通过"中非合作论坛"等平台，有计划、有步骤地获取其资源，分享后续工业化国家发展的资源红利。充分借助"中国—东盟自由贸易区"等经济合作平台，将国内过剩的氧化铝和铝产能适度转移至该地区，逐步使其成为中国资源供应和产业转移的基地及产品销售的市场，促进中国经济社会可持续发展。

总而言之，未来10年中国铝土矿资源供应地将以澳大利亚、巴西、牙买加、印度为主，同时兼顾西非、东南亚，利用直接投资（并购和绿地投资）和国家外交政策需要促成矿山项目投资。以打破西方国家对世界优质矿产资源的垄断及矿产品交易规则的控制，提升中国话语权。

六、小结

本章首先介绍了中国有色金属在各个时期的回收和循环再利用发展情况，资源的回收再利用具有深远的现实意义，不仅可以在很大程度上弥补自然资源目前的短缺状况，也能实现节能减排、改善环境的目的，而且可以降低资源的获取成本和日常投资。铝是一种回收性能良好、可再生性很强的有色金属，再生铝主要应用在交通运输、建筑相关、食品饮料包装等方面，在高端的国防科技领域也应用得越来越广泛。

全球及典型的发达国家（美国、德国、日本、法国、英国）对可再生资源及铝的循环利用不仅起步早，而且规模大，在整个铝金属的生产过程中，再生铝资源占据的比重已越来越大，有相当一部分工业化国家再生铝与铝总产量的比例已接近或超出50%。但是中国的再生铝加工工业起步比较晚，规模小，政策法规有很多漏洞与不合理之处，管理也相对没有形成体系，比较混乱，整个行业发展与发达国家相去甚远。而中国铝资源循环利用所具备的各方面条件良好，国民的环保意识逐渐增强，一些瓶颈技术问题逐步得到解决，相关的方针政策也在向再生铝行业倾斜，最重要的是国内铝金属每年的消费量和社会蓄积量都非常大，循环利用的潜力巨大，前景广阔。

本章利用部门供应法、回归分析法和占比分析法综合预测可得，我国2020年、2025年和2030年再生铝供应量分别为1000万吨、1200万吨和1100万吨，占当年原铝需求量的比例分别为29%、33%和33%，占据当年总需求量的比例分别为22%、25%和25%；达到2023年铝消费峰值点时再生铝供应量约1300万吨，约占当年原铝需求量的比例为35%，占当年总需求量的比例近26%。再生铝的供应对保障程度的贡献是使其提高了10%以上，在技术进步的基础上其至能达到 20%。废弃铝资源的循环利用减少了进口铝土矿、铝废料的经济成本，并且在环保方面也有突出的表现。因此，中国肯定要大力发展铝资源的循环利用事业，以优化铝资源的供给结构，提高其安全保障度，促进经济社会的可持续发展。

同时，本章在借鉴发达国家可再生资源及铝的循环利用的实践经验，结合国内再生铝行业的发展现状的基础上，为提高铝资源的自给自足程度，实现其可持续供应，提出了一些对策建议。政府的引导发挥着至关重要的作用：政府要加强指导，并完善相关法律法规政策体系；政府要协调再生资源企业与对口的研究机构之间的合作，促进回收手段的有效性和再生技术的研发；完善各类资源的回收体系，广泛建立专业的回收网点；加强广告、报纸、电视、广播等的宣传，提高公众的环保参与意识；等到资源的循环利用事业步入正轨，形成常规化后，政府就要减少干预，市场机制就要充分发挥其作用。与此同时，要积极实施"走出去"战略，利用投资和国家外交政策促成境外资源的有效开发利用。

中国早期在发展循环经济模式、促进再生资源综合利用方面也做了大量相关工作。从 2005 年起，国家就组织有关单位对我国有色金属需求情况进行了预测，并且会根据各方面环境变化及时对数据进行调整。参照美国、西欧等发达经济体研究有色金属消费口径和方法，将再生资源看作与原生矿产同等地位、同样使用，把再生铜、再生铝消费纳入有色金属消费领域进行分析研究，并提出全铜、全铝消费与需求概念。对铜、铝、铅、锌的消费情况进行调研，在调研基础上采用以部门消费法为主，GDP 弹性系数法、回归分析法、"S"形模型法为辅的预测方法进行分析。国家发展和改革委有关部门委托中国有色金属工业协会再生金属分会编制再生有色金属发展规划，提出全国再生金属总体发展设想和政策措施的同时，也要求目前再生金属产业比较发达的地区以及具备再生金属发展条件的省份，按照自身具体发展情况制定科学、合理、可行的区域发展规划，为迎接再生有色金属更大规模发展做好准备，对发展比较成熟的再生铜、再生铝、再生铅行业要求编制专题的发展规划，提出发展目标、具体内容和措施。通过这些工作初步摸家底、找差距，为建立再生金属产业行业规范和法律体系，逐步形成再生金属产业法律法规体系，将其逐步纳入法制化轨道奠定基础。随着中国铁铜铝铅锌等大宗矿产消费高峰到来和产品生命周期下的"城市矿产"规模化回收的逐步进入，我国未来二次资源利用前景非常广阔，潜力巨大。"城市矿产"将成为矿产资源的重要组成部分，能在一定程度上填补我国矿产资源的供需缺口，保障人类经济社会发展对矿产资源的持续需求。

第七章　结　论

本书首先叙述了中国铝土矿的资源禀赋，运用物质流方法对中国铝元素进行生产阶段的代谢模拟，描述了 1996 年以来铝元素在生产阶段各环节的现状，并以此分析了 20 年来铝资源的供给和消费情况，预测未来 15 年中国原铝的消费需求量。在大量的数据分析的基础上，构建了中国铝资源供给结构模型和安全保障度的计算方程式，获得了 1996~2016 年中国铝资源的供给结构和安全保障度。运用逼近理想解排序法评价了 1996 年、2000 年、2005 年、2010 年和 2015 年中国铝资源的可持续保障状况，运用耦合协调度模型评价铝工业系统与整个经济社会系统的协调发展状况。与此同时，分析了全球和典型发达国家二次资源及铝的循环利用概况，以及中国再生铝产业的发展现状，并测算出中国铝资源的循环利用潜力巨大，对提高铝资源的安全保障度、实现其可持续供应的贡献度很大。由此得到铝金属的循环利用可以在很大程度上优化中国铝资源的供给结构，解决其可持续保障问题。

本书取得了以下主要研究成果：

（1）由铝元素在生产阶段的代谢模拟可得，1996~2016 年，中国铝生产工业发展迅速，各种主要铝流不断增加，越来越多的废料被回收和再次利用。在供给方面，原生铝产量、铝产品总量和铝盘条的年均增长率分别是 15.9%、21.9% 和 25.8%。2014 年铝产品中占据比例较大的是型材、板材和棒材，占据比例较小的是排材、线材和管材。中国的二次铝产业在稳定和快速的发展过程当中，二次铝产量的年均增长率为 25%，可谓是高速增长。1996 年新废二次铝和旧废二次铝分别占据 44.5% 和 55.5%，而到了 2016 年，比例变成了 73.4% 和 26.6%。近 5 年新废二次铝和旧废二次铝的比例稳定在 75% 和 25%。铝土矿、氧化铝和未加工铝的进口量和出口量整体上呈现出增长态势，但是中间过程比较曲折。中国是高端铝产品的出口国和中低端铝产品的进口国，所以必须要寻求贸易结构的转型。在消费方面，20 年来，中国铝消费量呈现指数增长，2008 年以来一直是全球铝消费最多的国家。消费结构中变化最大的是耐用消费品，其他铝产品的消费量变化不大，主要还是用于建筑和交通方面。综合挤压型"S"形模型法和部门消费法可以得出，中国原铝消费需求的峰值将在 2023 年前后达到，届时原铝消费量约 3700 万吨。预计 2020 年、2025 年和 2030 年的原铝需求分别是 3500 万吨、3600 万吨和 3300 万吨。

（2）1996 年，满足中国铝消费的供给结构是：原生铝 81.5%，二次铝 8.3%，贸易 10.2%；而到了 2016 年，它们分别是 84.7%、15.5% 和 -0.2%。总体来说，中国铝资源的供给结构基本上包括了 80% 的原生铝和 20% 的二次铝，但是二次铝产量增长迅速，比例增加的潜力比较大。由于铝土矿和铝废料的进口比例都在 50% 左右，导致自主生产的原生铝和二次铝在供给结构中的比例下降到 51.8% 和 10.3%，所以国内铝资源的总供给保障程度从 1996 年的 87.7% 下降到 2016 年的 62.1%，2006 年之后基本在 50% 左右徘徊，2007 年和 2013 年还不到 50%，处于短缺的状态之中，资源约束问题实际存在。

（3）经逼近理想解排序法的评价，1996 年和 2015 年中国铝资源的可持续保障情况较其他年份相对好一些，但是与理想方案的相对接近度都在 0.5 左右，因此中国铝工业距离可持续发展的目标还是任重道远；另外，二次铝对铝资源可持续保障目标的贡献相对比较大。经耦合协调度模型的测算评价，1996 年以来，全国铝工业与经济社会两大系统的综合发展水平均呈现出整体上升的态势，但是两大系统之间仍然处在发展失调的状态，存在一些发展非常不协调的地方，严重阻碍我国铝工业的可持续发展进程。由此在以后的发展过程中，关键是要尽快建立资源回收体系，争取使已经使用过的或者正在使用的铝产品经过回收成为新的储量来源，从而达到优化铝资源的供给结构，保障其可持续供应的目的。

（4）中国铝资源循环利用所具备的各方面条件良好，国民的环保意识逐渐增强，一些瓶颈技术逐步得到解决方法，相关的方针政策也在向再生铝行业倾斜，最重要的是国内铝金属每年的消费量和社会蓄积量都非常大，循环利用的潜力巨大。计算结果表明，我国 2020 年、2025 年和 2030 年再生铝供应量分别为：1000 万吨、1200 万吨和 1100 万吨，占当年原铝需求量的比例分别为：29%、33% 和 33%，占据当年总需求量的比例分别为 22%、25% 和 25%；达到 2023 年铝消费峰值点时再生铝供应量约 1300 万吨，约占当年原铝需求量的比例为 35%，占当年总需求量的比例近 26%。再生铝的供应对安全保障度的贡献是使其提高了 10% 以上，在技术进步的基础上甚至能达到 20%。废弃铝资源的循环利用减少了进口铝土矿、铝废料的经济成本，并且在环保方面也有突出的表现。

本书在借鉴发达国家可再生资源及铝金属的循环利用的实践经验，结合国内再生铝行业的发展现状的基础上，为提高铝资源的安全保障度，实现其可持续供应，提出了相关的对策建议。政府的引导发挥着至关重要的作用：政府要加强指导，并完善相关法律法规政策体系；政府要协调再生资源企业与对口的研究机构之间的合作，促进回收手段的有效性和再生技术的研发；完善各类资源的回收体系，广泛建立专业的回收网点；加强广告、报纸、电视、广播等的宣传，提高公众的环保参与意识；等到资源的循环利用事业步入正轨，形成常规化后，政府就要减少干预，市场机制就要充分发挥其作用。与此同时，要积极实施"走出去"战略，利用投资和国家外交政策促成境外资源的有效开发利用。

由于数据资料的客观限制，铝金属的生产、损耗、贸易和含铝产品消费、回收的现实复杂性，以及笔者的研究能力和水平的有限性等各方面的原因，还有一些问题需要通过今后的工作来不断完善和加强：

（1）由于数据资料的客观限制，本书的时间边界是 1996～2018 年，本身就存在一定的滞后性。对文中很多量的分析也都只是基于其中一段时间，而且一些数据是通过核算得到的。对全球及典型发达国家铝的循环利用实践进行分析时，所使用的年份是1900~2013年，虽然可以反映基本情况，但是也存在时间上的滞后性。在接下来的研究中，需要不断地更新各方面的数据，使研究更具时效性。

（2）在构建中国铝资源供给结构模型和安全保障度的计算方程式时，对其中的各种关系都做了简化处理；在预测原铝的消费需求量和再生铝供应量时，所采用的方法是研究中常用的比较保守的预测方法。所以在接下来的研究中，需要不断完善供给结构模型中的各种数量关系，也会不断加强对铝金属循环利用的相关研究，挖掘铝资源巨大的循环利用潜力。

（3）未来研究的重点内容是废料管理方面，以及与其他方面相结合的课题，如能源效率、温室气体排放、价值流评估等，探索保障中国铝资源可持续供应的各种可能性。

参考文献

［1］艾怡凝，昝晓辉，姚建．四川省工业发展环境经济特征的耦合研究［J］．环境科学与技术，2018，40（S2）：205-209.

［2］毕诗文，于海燕，杨毅宏等．拜耳法生产氧化铝［M］．北京：冶金工业出版社，2007.

［3］陈妤凡，王开泳．武汉东湖新技术开发区产业创新与产业结构优化升级的耦合研究［J］．中国科学院大学学报，2018，35（5）：654-662.

［4］陈伟强，石磊，常畐宇等．1991—2007年中国铝物质流分析（Ⅰ）：全生命周期进出口核算及其政策启示［J］．资源科学，2009，31（11）：1887-1897.

［5］陈伟强，石磊，钱易．国家尺度上铝的社会流动过程解析［J］．资源科学，2008，30（7）：1004-1012.

［6］陈伟强，万红艳，武娟妮等．铝的生命周期评价与铝工业的环境影响［J］．轻金属，2009（5）：3-10.

［7］陈治国，陈俭，杜金华．我国物流业与国民经济的耦合协调发展——基于省际面板数据的实证分析［J］．中国流通经济，2020，34（1）：9-20.

［8］程春艳．经济转型背景下中国铝产业发展战略研究［D］．北京：中国

地质大学，2013.

[9] 程欢，彭晓春，陈志良等．基于可持续发展的物质流分析研究进展［J］．环境科学与管理，2011，36（10）：142-146.

[10] 崔宁博，张振平，楼豫红等．基于TOPSIS的区域农业节水发展水平综合评价模型［J］．应用基础与工程科学学报，2016，24（5）：978-994.

[11] 刁巍杨．我国区域资源保障程度评价及空间分异特征研究［D］．长春：吉林大学博士学位论文，2013.

[12] 董家华．环境友好的物质流分析与管理［M］．北京：化学工业出版社，2014.

[13] 段海燕．我国矿产资源循环利用研究［D］．长春：吉林大学，2009.

[14] 范凤岩，刘冲昊，柳群义．海外矿产资源投资优选评价［J］．矿产保护与利用，2018（1）：17-23.

[15] 樊文平，王鸿康，刘红平，单宝艳．山东省城镇化发展与大气环境耦合协调性研究［J］．华东经济管理，2020，34（3）：23-30.

[16] 冯进城．中国金属矿产资源安全战略研究［D］．武汉：中国地质大学博士学位论文，2010.

[17] 谷树忠，成升魁．中国资源报告——新时期中国资源安全透视［M］．北京：商务印书馆，2010.

[18] 谷树忠，姚予龙，沈镭等．资源安全及其基本属性与研究框架［J］．自然资源学报，2002，17（3）：280-285.

[19] 顾松青，朱金勇，尹中林．我国铝资源可持续发展战略研究［C］// 中国可持续发展矿产资源战略研究"有色金属"课题组，中国可持续发展矿产资源战略研究：有色金属卷．北京：科学出版社，2006.

[20] 何海洲，杨志强，李水如等．广西优势矿产资源利用现状及保障程度分析［J］．中国矿业，2014，23（11）：40-44，57.

[21] 贺喜，张举钢，周吉光等．河北省铁矿资源保障能力分析［J］．地球

学报，2013，34（6）：731-737.

[22] 洪水峰，张亚．长江经济带钢铁工业—生态环境—区域经济耦合协调发展研究［J］．华中师范大学学报（自然科学版），2019，53（5）：703-714.

[23] 华一新．有色冶金概论［M］．北京：冶金工业出版社，2014.

[24] 黄寰，尹斯斯，雷佑新．我国矿产资源可持续发展水平分析与预测［J］．西南民族大学学报（人文社科版），2015，36（7）：146-150.

[25] 乐毅．锰资源经济利用与安全保障评价体系研究［D］．武汉：武汉理工大学，2009.

[26] 蕾切尔·卡逊．寂静的春天［M］．许亮译．北京：北京理工大学出版社，2015.

[27] 李二玲，崔之珍．中国区域创新能力与经济发展水平的耦合协调分析［J］．地理科学，2018，38（9）：1412-1421.

[28] 李红英，汪冰峰等．航空航天用先进材料［M］．北京：化学工业出版社，2019.

[29] 李俊晓，李朝奎，罗淑华等．基于AHP模糊综合评价方法的泉州市水资源可持续利用评价［J］．水土保持通报，2015，35（1）：210-214，286.

[30] 李凌雁，翁钢民．中国旅游与交通发展耦合性分析及时空格局演变研究［J］．统计与决策，2020（2）：62-66.

[31] 李龙熙．对可持续发展理论的诠释与解析［J］．行政与法，2005（1）：3-7.

[32] 梁凯．我国矿产资源可供性系统研究［D］．北京：中国地质大学，2005.

[33] 林媚珍，纪少婷，赵俊磊等．白云山风景区环境质量的综合评价［J］．生态科学，2015，34（2）：42-50.

[34] 柳炳利，王建伟，郭科等．基于地质调查评价的矿产资源保障程度——以藏中地区铜矿为例［J］．金属矿山，2014（8）：87-90.

［35］刘定惠，杨永春．区域经济—旅游—生态环境耦合协调度研究——以安徽省为例［J］．长江流域资源与环境，2011，20（7）：892-896.

［36］刘培英．再生铝生产与应用［M］．第2版．北京：化学工业出版社，2013.

［37］刘炜．科学发展与循环经济模式构建［M］．北京：中国经济出版社，2009.

［38］刘雅玲，罗雅谦，张文静等．基于压力—状态—响应模型的城市水资源承载力评价指标体系构建研究［J］．环境污染与防治，2016，38（5）：100-104.

［39］刘毅，陈吉宁．中国磷循环系统的物质流分析［J］．中国环境科学，2006a，26（2）：238-242.

［40］刘毅，陈吉宁．滇池流域磷循环系统的物质流分析［J］．环境科学，2006b，27（8）：1549-1553.

［41］逯进，常虹，汪运波．中国区域能源、经济与环境耦合的动态演化［J］．中国人口·资源与环境，2017，27（2）：60-68.

［42］罗建川．基于铝土矿资源全球化的我国铝工业发展战略研究［D］．长沙：中南大学，2006.

［43］马尔萨斯．人口原理［M］．北京：商务印书馆，1961.

［44］马乐宽，赵康平，赵越等．湖库型水体总氮总量控制目标的区域分配研究［J］．环境污染与防治，2015，37（3）：54-57.

［45］聂思痕．我国战略性新兴产业的人力资本安全预警研究——以江西为例［J］．科技管理研究，2016（1）：42-46.

［46］钮因健．对我国铝土矿资源和氧化铝工业发展的认识［C］//中国可持续发展矿产资源战略研究"有色金属"课题组，中国可持续发展矿产资源战略研究：有色金属卷．北京：科学出版社，2005.

［47］潘复生，张丁非．铝合金及应用［M］．北京：化学工业出版社，

2006.

［48］齐建国，吴滨，彭绪庶等．中国循环经济发展报告（2011—2012）［M］．北京：社会科学文献出版社，2013.

［49］邱定蕃．资源循环［J］．中国工程科学，2002，4（10）：31-35.

［50］邱定蕃，徐传华．有色金属资源循环利用［M］．北京：冶金工业出版社，2006.

［51］萨蒂．层次分析法在资源分配、管理和冲突分析中的应用［M］．许树柏等译．北京：煤炭工业出版社，1988.

［52］邵嘉玥，唐莲，张静等．基于 TOPSIS 法的银川市水资源可持续利用评价［J］．宁夏工程技术，2017，16（3）：281-285.

［53］沈俊源，吴凤平，于倩雯．基于模糊集对分析的最严格水安全综合评价［J］．水资源与水工程学报，2016，27（2）：92-97.

［54］沈镭，成升魁．论国家资源安全及其保障战略［J］．自然资源学报，2002，17（4）：393-399.

［55］孙滢悦，陈鹏，张立峰．两种空间尺度的区域旅游资源灾害风险评价［J］．湖北农业科学，2016，55（7）：1861-1866.

［56］孙语泽．陕西水环境与经济耦合协调发展研究［D］．西安：西安理工大学硕士学位论文，2019.

［57］王安建，王高尚．2011 年度全球矿产资源战略研究系列报告——中国铝资源需求展望报告［M］．北京：中国地质科学院全球矿产资源战略研究中心，2012.

［58］王春秋．河南省铝土矿资源潜力与发展战略研究［D］．北京：中国地质大学，2007.

［59］王芳，田明华，秦国伟．新型城镇化与产业结构升级耦合、协调和优化［J］．华东经济管理，2020，34（3）：59-68.

［60］王飞．矿产资源战略评价模型与实证研究——以我国煤炭资源为例

［D］．武汉：中国地质大学，2013．

［61］王家枢，张新安．矿产资源与国家安全［M］．北京：地质出版社，2000．

［62］王俊岭，张国华，郑云建，徐丹宁．我国钢铁工业技术创新与经济增长耦合机制研究［J］．经济问题，2019（11）：61-70．

［63］王然，成金华．高质量发展视域下长三角城市群经济社会与资源环境耦合分析［J］．学术论坛，2019（6）：1-7．

［64］王然，成金华，王小林．中国矿业经济区矿产资源保障程度差异性研究［J］．中国人口·资源与环境，2015，25（12）：138-146．

［65］王雪峰，刘保顺，朱春华．矿产资源综合利用评价指标体系研究［J］．矿业研究与开发，2015，35（7）：106-110．

［66］王妍方，尹雪梅，程希平．基于 FAHP 模型的攀枝花旅游气候舒适度分析［J］．环境工程，2016（34S）：1083-1086，1107．

［67］汪一帆．中原经济区背景下河南重要矿产资源支撑与保障研究［D］．武汉：中国地质大学博士学位论文，2014．

［68］吴安兵，郭科，柳炳利．基于灰色—模糊理论的矿产资源地质勘查评价——以藏中地区为例［J］．金属矿山，2015，44（3）：133-137．

［69］吴开亚．物质流分析：可持续发展的测量工具［M］．上海：复旦大学出版社，2012．

［70］肖舒刈．矿产行业人力资源管理者胜任力评价研究［J］．世界科技研究与发展，2016，38（4）：914-918．

［71］谢承祥，李厚民，王瑞江等．中国查明铁矿资源储量的数量、分布及保障程度［J］．地球学报，2009，30（3）：387-394．

［72］熊慧．未来五年我国废铝供应预测［J］．资源再生，2009（7）：23-26．

［73］徐水师，彭苏萍，程爱国．中国煤炭科学产能与资源保障程度分析

〔J〕. 中国煤炭地质，2011，23（8）：1-4，8.

〔74〕薛黎明，龚爽，崔超群等. 主客观权重相结合的湖南省矿产资源可持续力综合评价〔J〕. 中国矿业，2015，24（9）：44-49.

〔75〕亚当·斯密. 国民财富的性质和原因的研究（上卷）〔M〕. 北京：商务印书馆，1972.

〔76〕压铸杂志. 我国铝二次资源保级循环利用技术获得重大突破〔EB/OL〕.（2018-01-17）http://www.dcm888.com/zixun/hangyedongtai/2018/0117/4674.html.

〔77〕杨兵. 中国有色金属矿产对外依存度与资源可供性之辨析〔J〕. 矿业勘察，2013，4（1）：8-11.

〔78〕杨洁，毕军，周鲸波等. 推进循环经济的工业生态化企业模式研究初探〔J〕. 中国人口·资源与环境，2005，15（1）：66-70.

〔79〕易平，方世明. 地质公园社会经济与生态环境效益耦合协调度研究——以嵩山世界地质公园为例〔J〕. 资源科学，2014，36（1）：206-216.

〔80〕于冬梅，秦江波，孙永波. 基于层次分析法的石油资源安全评价〔J〕. 科技管理研究，2010（17）：63-65.

〔81〕于伟军. 中国铜资源供应安全评价与可持续发展〔D〕. 北京：中国地质大学，2014.

〔82〕岳强，杜岩，王鹤鸣. 中国铝的社会蓄积量及折旧再生指数分析〔J〕. 东北大学学报（自然科学版），2015，36（9）：1297-1301.

〔83〕张博雅，陈美兰，刘东等. 百花山国家级自然保护区生态旅游资源评价〔J〕. 东北林业大学学报，2016，44（7）：70-75.

〔84〕张佳东，张艳飞，于倩等. 基于层次分析法的中国镍资源安全评价〔J〕. 中国矿业，2013，22（9）：38-41.

〔85〕张佳文. 再议提高矿产资源对经济社会发展的保障程度〔J〕. 国土资源科技管理，2011，28（3）：68-73.

［86］张克仁，田淑艳，冯安生等．铝土矿资源的综合利用［C］//中国可持续发展矿产资源战略研究"可行性分析"课题组，中国可持续发展矿产资源战略研究：可行性分析卷．北京：科学出版社，2006.

［87］张琼．河南省乡村旅游与精准扶贫耦合性分析［J］．中国农业资源与区划，2019（11）：250-256.

［88］张文彦，续军，张续光．自然科学大事典［M］．北京：科学出版社，1992.

［89］赵义，曹娜，王园园等．基于层次分析法的中原经济区流域水系统健康评价［J］．环境科学研究，2016，29（6）：936-944.

［90］中国产业信息，2017年中国电解铝行业发展趋势分析［EB/OL］．（2017-08-01）http：//www.chyxx.com/industry/201708/546052.html.

［91］中国共产党新闻网．习近平在中国共产党第十九次全国代表大会上的报告［EB/OL］．（2017-10-28）http：//cpc.people.com.cn/n1/2017/1028/c64094-29613660.html.

［92］中国工程院咨询项目课题组．矿产资源可持续发展战略（经济分析与宏观政策卷）［M］．北京：科学出版社，2006.

［93］中国铝业网．印度尼西亚铝土矿出口禁令将于2014年1月13日生效［EB/OL］．（2013）https：//www.alu.cn/aluNews/NewsDisplay 909974.html.

［94］中国铝业网．铝替代其他金属成为现实［EB/OL］．（2015）https：//www.alu.cn/aluNews/NewsDisplay 965119.html.

［95］中国铝业网．废铝易拉罐保级循环利用取得重大进展［EB/OL］．（2016）https：//www.alu.cn/aluNews/NewsDisplay 987734.html.

［96］中国有色金属工业协会．中国有色金属工业年鉴（2013）［M］．北京：《中国有色金属工业年鉴》社，2013.

［97］中华人民共和国商务部．印度尼西亚铝土矿将重返中国市场［EB/OL］．（2017-06-22）http：//www.mofcom.gov.cn/article/i/jyjl/k/201706/

20170602597242. shtml.

［98］周成，冯学钢，唐睿．区域经济—生态环境—旅游产业耦合协调发展分析与预测——以长江经济带沿线各省市为例［J］．经济地理，2016，36（3）：186-193.

［99］周启星．资源循环科学与工程概论［M］．北京：化学工业出版社，2013.

［100］朱光福，周超．新型城镇化与工业绿色化耦合协调分析——以长江经济带为例［J］．重庆工商大学学报（社会科学版），2020年2月24日网络首发．

［101］朱鹤，刘家明，陶慧等．基于网络信息的北京市旅游资源吸引力评价及空间分析［J］．自然资源学报，2015，30（12）：2081-2094.

［102］祝影，王飞．基于耦合理论的中国省域创新驱动发展评价研究［J］．管理学报，2016，13（10）：1509-1517.

［103］Altenpohl D G, Kaufman J G. Aluminum：Technology, applications and environment 6ed［R］. The Minerals, Metals, & Materials Society, 1998.

［104］Baby S. AHP modeling for multicriteria decision-making and to optimise strategies for protecting coastal landscape resources［J］. International Journal of Innovation, Management and Technology, 2013, 4（2）：218-227.

［105］Baccini P, Brunner P H. Metabolism of the antroposphere［M］. Berlin：Spinger-Verlag, 1991.

［106］Barbara R, Bertram M. Multilevel anthropogenic cycles of copper and zinc：A comparative statistical analysis［J］. Journal of Industrial Ecology, 2006, 10（1-2）：89-110.

［107］Barbara R, Müller D B, Katherine Rostkowski, Graedel T E. Anthropogenic nickel cycle：Insights into use, trade, and recycling［J］. Environmental Science and Technology, 2008, 42（9）：3394-3400.

［108］Bertram M, Graedel T E, Rechberger H, et al. The contemporary European copper cycle: Waste management subsystem ［J］. Ecological Economics, 2002, 42 (1-2): 43-57.

［109］Boin U M J, Bertram M. Melting standardized aluminum scrap: A mass balance model for Europe ［J］. Journal of Metals, 2005, 57 (8): 26-33.

［110］Brunner P H. Substance flow analysis: A key tool for effective resource management ［J］. Journal of Industrial Ecology, 2012, 16 (3): 293-295.

［111］Buchner H, Laner D, Rechberger H, et al. In-depth analysis of aluminum flows in Austria as a basis to increase resource efficiency ［J］. Resources, Conservation and Recycling, 2014 (93): 112-123.

［112］Chen Pi-Cheng, Liu Kun-Hsing, Ma Hwong-wen. Resource and waste-stream modeling and visualization as decision support tools for sustainable materials management ［J］. Journal of Cleaner Production, 2017 (150): 16-25.

［113］Chen W Q, Graedel T E. Dynamic analysis of aluminum stocks and flows in the United States: 1900 - 2009 ［J］. Ecological Economics, 2012b (81): 92-102.

［114］Chen W Q, Shi L. Analysis of aluminum stocks and flows in mainland China from 1950 to 2009: Exploring the dynamics driving the rapid increase in China's aluminum production ［J］. Resource, Conservation and Recycling, 2012a (65): 18-28.

［115］Chen W Q, Shi L, Qian Y. Substance flow analysis of aluminum in mainland China for 2001, 2004, and 2007: Exploring its initial sources, eventual sinks and the pathways linking them ［J］. Resources, Conservation and Recycling, 2010, 54 (9): 557-570.

［116］Chowdhury R B, Moore G A, Weatherley A J, et al. Key sustainability challenges for the global phosphorus resource, their implications for global food security, and options for mitigation [J]. Journal of Cleaner Production, 2017 (140): 945-963.

[117] Ciacci L, Weiqiang C, et al. Historical evolution of anthropogenic aluminum stocks and flows in Italy [J]. Resources, Conservation and Recycling, 2013 (72): 1-8.

[118] Dhalström K, Ekins P. Combining economic and environmental dimensions: Value chain analysis of UK aluminum flows [J]. Resources, Conservation and Recycling, 2007, 51 (3): 541-560.

[119] Gesing A, Wolanski R. Recycling light metals from end-of-life vehicle [J]. Journal of the Minerals, Metals and Materials Society, 2001, 53 (11): 21-23.

[120] Goh E, Effendi S. Overview of an effective governance policy for mineral resource sustainability in Malaysia [J]. Resources Policy, 2017 (52): 1-6.

[121] Graedel T E, Bertram M, et al. The contemporary European copper cycle: The characterization of technological copper cycles [J]. Ecological Economics, 2002, 42 (1): 9-26.

[122] Graedel T E, Dick van Beers, Bertram M, et al. The multilevel cycle of anthropogenic zinc [J]. Journal of Industrial Ecology, 2005, 9 (3): 67-90.

[123] Gu Yifan, Wu Yufeng, Xu Ming. The stability and profitability of the informal WEEE collector in developing countries: A case study of China [J]. Resources, Conservation and Recycling, 2016a (107): 18-26.

[124] Gu Yifan, Wu Yufeng, Xu Ming. Waste electrical and electronic equipment (WEEE) recycling for a sustainable resource supply in the electronics industry in China [J]. Journal of Cleaner Production, 2016b (127): 331-338.

[125] Guo X Y, Zhong J Y, Song Y, et al. Substance flow analysis of zinc in China [J]. Resources, Conservation and Recycling, 2010, 54 (3): 171-177.

[126] Guo Z, Shi H H, Zhang P D, et al. Material metabolism and lifecycle im-

pact assessment towards sustainable resource management: A case study of the highway infrastructural system in Shandong Peninsula, China [J]. Journal of Cleaner Production, 2017 (153): 195-208.

[127] Halvor K. The Aluminum Smelting Process [J]. Journal of Occupational and Environmental Medicine, 2014, 56 (55): S2-S4.

[128] Hatayama H, Yamada H, et al. Dynamic substance flow analysis of aluminum and its alloying elements [J]. Journal of the Japan Institute of Metals, 2007, 70 (12): 975-980.

[129] Hoyle G. Recycling opportunities in the UK for aluminum-bodied motor cars [J]. Resources, Conservation and Recycling, 1995, 15 (3-4): 181-191.

[130] Ichiro Daigo, Susumu Hashimoto, Yasunari Matsuno, et al. Material stocks and flows accounting for copper and copper-based alloys in Japan [J]. Resources, Conservation and Recycling, 2009, 53 (4): 208-217.

[131] International Union for the Conservation of Nature (IUCN). World Conservation Strategy: Living Resources Conservation for Sustainable Development Gland [R]. Switzerland: IUCN, 1980.

[132] Jia X P, Dominic C Y Foo, Tan R R, et al. Sustainable development paths for resource-constrained process industries [J]. Resources, Conservation and Recycling, 2017 (119): 1-3.

[133] Jiang C Z, Bian Z Y, Yuan J X. Cluster analysis of mineral resources based on AHP [C]. China: Fourth International Conference on Transportation Engineering, 2013.

[134] Johason J, Jirikowic J, Bertram M, et al. Contemporary anthropogenic silver cycle: A multilevel analysis [J]. Environmental Science & Technology, 2005, 39 (12): 4655-4665.

[135] Kusumawardani R P, Agintiara M. Application of Fuzzy AHP-TOPSIS

Method for Decision Making in Human Resource Manager Selection Process [J]. Procedia Computer Science, 2015 (72): 638-646.

[136] Lèbre Éléonore, Corder G D, Golev A. Sustainable practices in the management of mining waste: A focus on the mineral resource [J]. Minerals Engineering, 2017 (107): 34-42.

[137] Lee Jihyun, Pedersen A B, Thomsen M. Are the resource strategies for sustainable development sustainable? Downside of a zero waste society with circular resource flows [J]. Environmental Technology & Innovation, 2014 (1-2): 46-54.

[138] Lele A. Formation of an Efficient Team by Improvising Employee Selection Process Using AHP-LP for a Software Company in India [J]. Management and Labor Studies, 2015, 40 (1&2): 22-33.

[139] Li X, Wan J, Jia J L, et al. Research on Water Resource initial allocation of Yellow River Basin based on the AHP Model [J]. Advanced Materials Research, 2012 (518-523): 4216-4221.

[140] Liu G, Müller D B. Unearthing potentials for decarbonizing the U. S. aluminum cycle [J]. Environmental Science & Technology, 2011, 45 (22): 9515-9522.

[141] Liu G, Müller D B. Addressing sustainability in the aluminum industry: A critical review of life cycle assessment [J]. Journal of Cleaner Production, 2012 (35): 108-117.

[142] Luca C, Chen W Q, Fabrizio P. Historical evolution of anthropogenic aluminum stocks and flows in Italy [J]. Resource, Conservation and Recycling, 2013 (72): 1-8.

[143] Mao J S, Jaimee Dong, Graedel T E. The multilevel cycle of anthropogenic lead I. Methodology [J]. Resources, Conservation and Recycling, 2008a, 52 (8-9): 1058-1064.

[144] Mao J S, Jaimee Dong, Graedel T E. The multilevel cycle of anthropogenic lead II. Recults and Discussion [J]. Resources, Conservation and Recycling, 2008b, 52 (8-9): 1050-1057.

[145] Maung K N, Hashimoto S, Mizukami M, et al. Assessment of the Secondary Copper Reserves of Nations [J]. Environmental Science & Technology, 2017, 51 (7): 3824-3832.

[146] Maung K N, Yoshida T, Liu G, et al. Assessment of secondary aluminum reserves of nations [J]. Resources, Conservation and Recycling, 2017 (126): 34-41.

[147] McMillan C A, Moore M R, et al. Quantifying U. S. Aluminum in-use stocks and their relationship with economic output [J]. Ecological Economics, 2010, 69 (12): 2606-2613.

[148] Melo M. Statistical analysis of metal scrap generation: The case of aluminum in Germany [J]. Resources, Conservation and Recycling, 1999, 26 (2): 81-113.

[149] Millward-Hopkins J, Busch J, Purnell P, et al. Fully integrated modelling for sustainability assessment of resource recovery from waste [J]. Science of the Total Environment, 2018 (612): 613-624.

[150] Modaresi R, Müller D B. The role of automobiles for the future of aluminum recycling [J]. Environmental Science & Technology, 2012, 46 (16): 8587-8594.

[151] Müller D B. Stock dynamics for forecasting material flows-case study for housing in the Netherland [J]. Ecological Economics, 2006, 59 (1): 142-156.

[152] Niero M, Olsen S I. Circular economy: To be or not to be in a closed product loop? A life cycle assessment of aluminum cans with inclusion of alloying elements [J]. Resources, Conservation and Recycling, 2016 (114): 18-31.

[153] Paktinat M, Danaei A. An application of fuzzy AHP for ranking human resources development indices [J]. Management Science Letters, 2014, 4 (5): 993–996.

[154] Pan F, Zhao L. AHP Comprehensive Evaluation on Sustainable Utilization of Water Resources in Hengshui City, China [J]. Transactions of Tianjin University, 2015, 21 (2): 178–182.

[155] Prior T, Giurco D, Mudd G, et al. Resource depletion, peak minerals and the implications for sustainable resource management [J]. Global Environmental Change, 2012 (22): 577–587.

[156] Raheem A, Sikarwar V S, He J, et al. Opportunities and challenges in sustainable treatment and resource reuse of sewage sludge: A review [J]. Chemical Engineering Journal, 2018 (337): 616–641.

[157] Rechberger H, Graedel T E. The contemporary European copper cycle: Statistical entropy analysis [J]. Ecological Economics, 2002, 42 (1): 59–72.

[158] Rombach G. Raw material supply by aluminium recycling–efficiency evaluation and long–term availability [J]. Acta Materialia, 2013 (61): 1012–1020.

[159] Saaty T L. Reponse to holder's comments on the analytic hierarchy process: Response to response [J]. The Journal of the Operational Research Society, 1991, 42 (10): 914–918.

[160] Scholz R W, Ulrich V E, Eilittä M. Sustainable use of phosphorus: A finite resource [J]. Science of the Total Environment, 2013a (461–462): 799–803.

[161] Scholz R W, Wellmer F W. Approaching a dynamic view on the availability of mineral resources: What we may learn from the case of phosphorus? [J]. Global Environmental Change, 2013b, 23 (1): 11–27.

[162] Shaoli Liu. Dynamic analysis of aluminum flows in production stage in mainland China: 1996–2014 [J]. Bulgarian Chemical Communications, 2017, 49

（Special Issue K1）：224-227.

　　［163］Shaoli L, Xin L, Minxi W. Analysis of aluminum resource supply structure and guarantee degree in China based on sustainable perspective ［J］. Sustainability, 2016, 8 (12)：1335-1351.

　　［164］Shiu H Y, Lee Mengshan, Chiueh Pei-Te. Water reclamation and sludge recycling scenarios for sustainable resource management in a wastewater treatment plant in Kinmen islands, Taiwan ［J］. Journal of Cleaner Production, 2017 (152)：369-378.

　　［165］Soo V K, Peeters J, Paraskevas D, et al. Sustainable aluminium recycling of end-of-life products：A joining techniques perspective ［J］. Journal of Cleaner Production, 2018 (178)：119-132.

　　［166］Song Q J, Zhou N, Liu T L, et al. Investigation of a "Coupling model" of coordination between low-carbon development and urbanization in China ［J］. Energy Policy, 2018 (121)：346-354.

　　［167］Spatari S, Bertram M, Fuse K, et al. The contemporary European copper cycle：1 year stocks and flows ［J］. Ecological Economics, 2002, 42 (1)：27-42.

　　［168］Sverdlin A. Introduction to aluminum ［M］//Totten GE, MacKenzie DS, editors. Handbook of aluminum. New York：Marcel Dekker, Inc, 2003.

　　［169］Sverdrup H U, Ragnarsdottir K V, Koca D. An assessment of metal supply sustainability as an input to policy：Security of supply extraction rates, stocks-in-use, recycling, and risk of scarcity ［J］. Journal of Cleaner Production, 2017 (140)：359-372.

　　［170］U. S. Geological Survey. Aluminum Statistics and Information ［EB/OL］. (2016) http：//minerals. usgs. gov/minerals/pubs/commodity/aluminum/.

　　［171］Wang T, Mao J S, et al. Anthropogenic metal cycles in China ［J］. Journal of Material Cycles and Waste Management, 2008 (10)：188-197.

［172］Wang T, Müller D B, Graedel T E. Forging the anthropogenic iron cycle ［J］. Environmental Science & Technology, 2007, 41 (14): 5120-5129.

［173］Wang T X, Xu S G. Dynamic successive assessment method of water environment carrying capacity and its application ［J］. Ecological Indicators, 2015 (52): 134-146.

［174］World Commission on Environment and Development (WECD). Our Common Future ［M］. Oxford: Oxford University Press, 1987.

［175］Xi X, Poh K L. A novel integrated decision support tool for sustainable water resources management in singapore: Synergies between system dynamics and analytic hierarchy process ［J］. Water Resource Management, 2015, 29 (4): 1329-1350.

［176］Yue Q, Wang H M, Lu Z W, Shengke Z. Analysis of anthropogenic aluminum cycle in China ［J］. Transactions of Nonferrous Metals Society of China, 2014, 24 (4): 1134-1144.

［177］Zeng Y, Bao X P. A quantitative analysis of lake tourism resource value based on AHP-fuzzy comprehensive evaluation method ［J］. Advanced Materials Research, 2013 (683): 809-814.

［178］Zhang L, Yang J M, Cai Z J, et al. Analysis of copper flows in China from 1975 to 2010 ［J］. Science of the Total Environment, 2014 (478): 80-89.

［179］Zhang W, Zhang Q P. Multi-stage evaluation and selection in the formation process of complex creative solution ［J］. Quality and Quantity: International Journal of Methodology, 2013, 48 (5): 2375-2404.

［180］Zhang Z Z, Jiang G Y, Wang X W et al. Development and utilization of the World's and China's bulk mineral resources and their supply and demand situation in the next twenty years ［J］. Journal of the Geological Society of China, 2016, 90 (4): 1370-1417.

［181］ Zhao Y M, Feng C Y, Li D X. The major ore clusters of super-large iron deposits in the World, present situation of iron resources in China, and prospect ［J］. Journal of the Geological Society of China, 2014, 88 (6): 1895-1915.